大展好書　好書大展
品嘗好書　冠群可期

大展好書　好書大展
品嘗好書　冠群可期

壽世養生 ㉗

活用 般若心經 養生術

李芳黛 主編

品冠文化出版社

前言

世間人，沒有不煩惱的，就算沒有什麼大不了的煩惱，也始終被繁瑣俗事包圍，總是希望心靈能夠平靜、沉澱。

一般書籍也許會不斷的鼓勵你，但卻無法教你如何消除無邊無際的煩惱，本書正是幫助你滅除煩惱的指南。

人無法只因為鼓勵的言詞得到救贖，從今天開始，本書一步一步地指導你如何身體力行滅除煩惱，即使每天只讀一頁，只做到五成，你就能夠看到效果，至少心境上會有驚人的改變。

大多數人都有覺悟，人生擺脫不了煩惱與壓力，但就算無法完全根除煩惱，還是有方法讓我們每一天都過得輕鬆舒暢。

藉由持之以恆的鍛鍊，便能夠洗清身心殘留的污垢，解開心靈堅固的枷鎖。

自己沒有的，不需要汲汲去追求；已經擁有的，捨棄當中不需要的；會妨礙我們暢快生活的，通通都拋棄。只要你捨得丟掉為你帶來煩惱的一切事物，你的人生一定會有驚人的改變。

為了擺脫世間苦，有人斬斷世間緣，選擇出家修行、孤獨生活。很多人以為死亡就是解脫，脫離人生的苦海。

但是，般若心經教導我們，要活在這個有形的大千世界裡，學習離苦得樂，回歸「本來的自己」。

為了幫助芸芸眾生找回「本來的自己」，本書介紹日常生活即可實行的身心培養訓練方法，不需要經由特別的修行，就能夠讓偏頗、歪曲的身心回歸本來的樣貌，更進一步啟發自我。

簡單說，藉由一天一次五分鐘也好、十分鐘也罷的冥想，透視自己內在的寧靜面，搭配輕鬆自然的體操，矯正身體的歪曲，達到放鬆的目的。

不斷地傾聽自己內在的聲音、直覺，不因為外界的活動迷失自己，相信本來的自己，累積一段時間的修練之後，便能夠不受情緒、自我所支配。

不久，就能夠找回悠閒自在、充滿朝氣的本來的自己。

本書體操參考瑜伽、真向法、氣功、體操、各種冥想法等等，體操著眼於藉由身體的放鬆達到心靈放鬆的目的。因為必須集中意識讓身體運動與呼吸一致，藉以縮短意識與潛在意識之間的距離，所以最好是一面運動一面冥想。以緩慢的節奏進行體操，在身體恢復平衡的同時，會自然地採用腹式呼吸，又因為意識完全集中在身體，最終達到頭腦放空、大腦休息的最佳狀態。誠如生物回饋權威芭芭拉．布朗所言，我們了解疾病的症狀，卻沒意識到「健康的症狀」，再也沒有比藉由身體的冥想更容易達到這個目的的方法了。

我們的身心都具備能夠更健康的潛在能力，本書以般若心經為根源，希望協助讀者點燃藏在內心深處的潛在能力的火種，達到壽世養生的目標。

目錄

摩訶般若波羅蜜多心經

摩訶般若波羅蜜多心經

觀自在菩薩行深般若波羅蜜多時照見五蘊皆空
度一切苦厄舍利子色不異空空不異色色即是空
空即是色受想行識亦復如是舍利子是諸法空相
不生不滅不垢不淨不增不減是故空中無色無受
想行識無眼耳鼻舌身意無色身香味觸法無眼界
乃至無意識界無無明亦無無明盡乃至無老死亦
無老死盡無苦集滅道無智亦無得以無所得故菩
提薩埵依般若波羅蜜多故心無罣礙無罣礙故無

有恐怖遠離一切顛倒夢想究竟涅槃三世諸佛依
般若波羅蜜多故得阿耨多羅三藐三菩提故知般
若波羅蜜多是大神咒是大明咒是無上咒是無等
等咒能除一切苦真實不虛故說般若波羅蜜多咒
即說咒曰
揭諦揭諦波羅揭諦波羅僧揭諦菩提娑婆訶
般若心經

佛祖以廣大無邊的智慧，宣揚「到悟道世界的道路」，他說：「請真正理解事物，通曉宇宙的道理，以浩瀚天空般的心境來經營自己的生命，以汪洋大海般的慈悲來造就一切的生命。」

人生的真理，只是藏在平淡無味之中，佛菩薩只保佑那些肯幫助自己的人。

第一章

消除痛苦是有方法的

宇宙是永恆的嗎？
這是屬於二次元的問題。
生、老、病、死、喜、怒、哀、樂的火種，
圍繞在我們的周圍，
人為了消除這些障礙，必須修道。
——箭喻經

觀自在菩薩

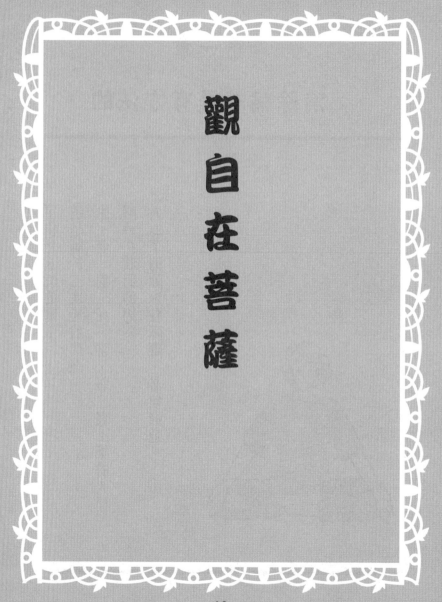

觀自在菩薩就是「觀音」或「觀世音菩薩」，玄奘翻譯為「自在」。「菩薩」是「求道者」的意思。

觀自在菩薩伸手幫助受苦受難的人們，守護著芸芸眾生。般若心經是觀自在菩薩為佛陀的十大弟子之一舍利子所說。

the Avalokiteśvara
(Independent vision)
Bodhisattva

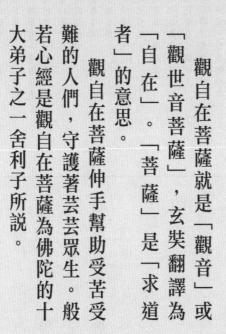

觀自在菩薩、
行深般若波羅蜜多時、
照見五蘊皆空、
度一切苦厄。
舍利子、
色不異空、空不異色、
色即是空、空即是色。
受想行識、亦復如是。
舍利子、
是諸法空相、
不生不滅、
不垢不淨、
不增不減。
是故空中、
無色無受想行識、
無眼耳鼻舌身意、
無色身香味觸法、
無眼界乃至無意識界。
無無明、亦無無明盡、
乃至無老死、亦無老死盡、
無苦集滅道。
無智亦無得。
以無所得故。

般若心經說，這個世界上本來「無」物，所以我們所受的苦也是「無」，但世間人無法理解。

現代人怕他人、怕失敗、怕損失，想成功、想成家、想金錢，對於年老感到不安，如果不捨棄這些恐懼、不安、慾望，心頭就容易產生無名火。

這個世界上有各種事物、各種煩惱，不論對世間或個人而言，這些都不是本質的東西，不是第一重要的東西，更不是主角。對於眾生而言，最重要的是我們生來本無物，以後控制我們的也不是外界的物質、感情或自我，而是與生俱來的自己與創造生命的宇宙生命能量。

菩提薩埵、
依般若波羅蜜多故、
心無罣礙。
無罣礙故、
無有恐怖、
遠離一切顛倒夢想、
究竟涅槃。
三世諸佛、
依般若波羅蜜多故、
得阿耨多羅三藐三菩提。
故知般若波羅蜜多、
是大神咒、是大明咒、
是無上咒、是無等等咒。
能除一切苦、
真實不虛。
故說般若波羅蜜多咒。
即說咒曰、
揭諦、揭諦、
波羅揭諦、
波羅僧揭諦、
菩提娑婆訶。
般若心經。

外在的世界（物質、身體、個性等等）對於這個世界或對於我們而言，都不是屬於根本的東西，只擔任次要的效果。

當嬰兒呱呱墜地來到人世間，我們都視其為尊貴的生命，當成寶貝般地呵護，為什麼長大成人後卻忘記初心，粗糙的對待自己和他人呢？

所謂的佛心，離我們不遠。可以說人人都具有它，只是因為佛心與我們太過於近，倒反而不易看見。

你隨時要認命，因為你是人。只有面對現實，你才能超越現實。一念放下，萬般自在。

行深般若波羅蜜多時

●般若是梵文發音，代表「智慧」的意思，但有別於一般外界所認知的智慧，般若指的是自己內在的智慧。

●波羅蜜多也是梵文發音，「完成」的意思。

●般若波羅蜜多是「智慧的完成」。任何人都具備「意識」自己存在的般若智慧，未成熟的智慧能夠藉由引導而完成，達到了悟的境界。

●「智慧的完成」必須透過稱為「定」的冥想。從出生那一刻開始，我們就必須適應外界的生活，以致於集中身體、精神全部的力量在外界的訊息當中，進行選擇自己需要的部分的作業。結果，意識與外界無法脫離，情感、思考也與外界的訊息緊密相連。冥想就是暫時切斷來自外界的訊息，將我們總是面對外界的意識，轉向面對自己的內在作業。

When the Avalokiteśvara (Independent vision) Bodhisattva was practising profound perfect wisdom

觀自在菩薩、
行深般若波羅蜜多時、
照見五蘊皆空、
度一切苦厄。
舍利子、
色不異空、空不異色、
色即是空、空即是色。
受想行識、亦復如是。
舍利子、
是諸法空相、
不生不滅、
不垢不淨、
不增不減。
是故空中、
無色無受想行識、
無眼耳鼻舌身意、
無色身香味觸法、
無眼界乃至無意識界。
無無明、亦無無明盡、
乃至無老死、亦無老死盡、
無苦集滅道。
無智亦無得。
以無所得故。

請回想生命誕生時對生命的敬畏信念，應該不會有人指責嬰兒不成熟、有一大堆缺點吧！人們無條件的相信，嬰兒一出生就擁有能夠存活於這個世界上的不可思議的生命力。

這種對於生命力的信賴感究竟來自何處？歸根究底，因為我們深信毫無知識、一無所有的嬰兒是完美的。

沒有華麗的衣裳、沒有汽車、洋房、不特別美麗、不特別成功，這些都沒有關係，因為這些都是次要的，生命的降臨就像是突然中了大獎一般。

我們總覺得生命的延續是理所當然的事情，對於生生不息不太有自覺。

菩提薩埵、
依般若波羅蜜多故、
心無罣礙。
無罣礙故、
無有恐怖、
遠離一切顛倒夢想、
究竟涅槃。
三世諸佛、
依般若波羅蜜多故、
得阿耨多羅三藐三菩提。
故知般若波羅蜜多、
是大神咒、是大明咒、
是無上咒、是無等等咒。
能除一切苦、
真實不虛。
故說般若波羅蜜多咒。
即說咒曰、
羯諦、羯諦、
波羅羯諦、
波羅僧羯諦、
菩提娑婆訶。
般若心經。

我們應該更用心感受和宇宙融為一體的自己本身，更相信自己、更重視自己。

意識到本身和宇宙共同存在的「本來的自己」的豐富性，並深入完全了解自己，才是生命真正的意義。

我們「現在」活在「這裡」才是最重要的，外在世界一切有形的（物質、身體、個性等等），都是次要的。

所謂的悟道，是要有正確判斷事物智慧的。而這智慧必須出於自身。

菩薩以聰明的智慧，沈著的心，乘著深思的船從迷惑的比岸到達涅槃的彼岸。這是「深厚的修行」。

簡易養生運動1

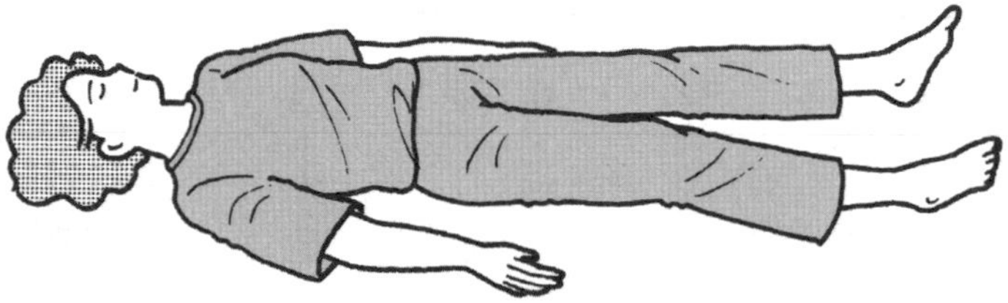

1、仰躺、全身放鬆。
2、雙腳打開呈V字型，雙手微微張開，自然放置於兩側。
3、身體呈完全放鬆的狀態，就是瑜伽中的挺屍式。一開始很難達成，先依序將意識放在頭、頸、肩、手腕、手臂等身體各個部位，邊輕微晃動邊放鬆。初學者不太能夠意識自己身體的僵硬，但只要持續練習本書介紹的放鬆體操，養成意識自己放鬆感覺的習慣之後，就會對於身體所釋放出來的訊息愈來愈敏感。

簡易養生運動 2

1、雙腳伸直坐下。
2、右腳彎曲置於左大腿根部，左腳放在右腳上。
3、雙腿向腰部靠近、背伸直、縮下顎。
4、雙手打開，大拇指和中指圍成圓圈狀放置膝蓋上。
5、眼睛半開，意識集中於吸氣和吐氣。
6、儘可能地保持此時的身體狀態。

照見五蘊皆空

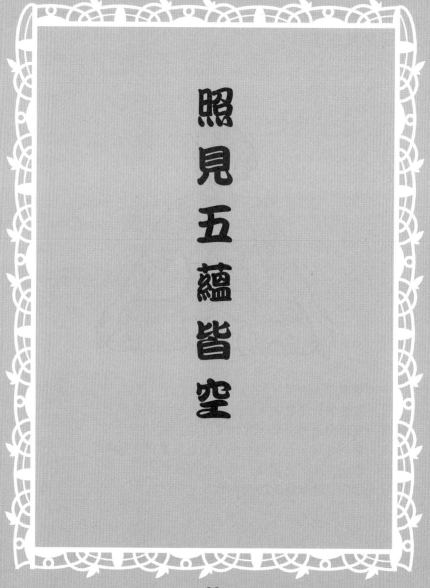

●照見是清楚認識、了悟的意思。

●五蘊是指構成人的五種要素。代表身體或物質現象的「色」，與知覺作用「受」、表象作用「想」、意思作用「行」、認識作用「識」等四種內心作用合為五種要素，也就是精神與身體。

●空，就是沒有內容、沒有實體，無的狀態。

●構成人的五種要素皆為空，因此「意識」由這五種要素創造出的「自己」也並非實體。

●身體的「色」與精神機能的「受、想、行、識」，都是為了維持個體生命而有的裝置，目的只在處理來自外界的訊息，並非任何獨立存在的實體。藉由冥想，可以「意識」到處理外界訊息的「自己」背後那個真正的自己。

he had an illiminating vision
of the emptiness of all five aggregates

觀自在菩薩、
行深般若波羅蜜多時、
照見五蘊皆空、
度一切苦厄。
舍利子、
色不異空、空不異色、
色即是空、空即是色。
受想行識、亦復如是。
舍利子、
是諸法空相、
不生不滅、
不垢不淨、
不增不減。
是故空中、
無色無受想行識、
無眼耳鼻舌身意、
無色身香味觸法、
無眼界乃至無意識界。
無無明、亦無無明盡、
乃至無老死、亦無老死盡、
無苦集滅道。
無智亦無得。
以無所得故。

我們身無一物來到這個世界，隨著年齡成長，逐漸想擁有來自於外界的幸福（財富、名譽、愛情、權力）。

當慾望無法滿足的時候，便產生怨懟、感覺痛苦。

但是，得到多少財富、多少愛情才稱得上幸福呢？並沒有一定的基準，所以，向外界追求幸福的方式是錯誤的。

如果幸福可以依照財富計算，則每年所得的排名即可視為幸福的排名，但顯然不會有人認同這種說法。

事實上，有些人不愁吃穿，也備受家人照顧，卻總是憤世忌俗。

相反地，有身障人士不向命運低頭，

菩提薩埵、
依般若波羅蜜多故、
心無罣礙。
無罣礙故、
無有恐怖、
遠離一切顛倒夢想、
究竟涅槃。
三世諸佛、
依般若波羅蜜多故、
得阿耨多羅三藐三菩提。
故知般若波羅蜜多、
是大神咒、是大明咒、
是無上咒、是無等等咒。
能除一切苦、
真實不虛。
故說般若波羅蜜多咒。
即說咒曰、
羯諦、羯諦、
波羅羯諦、
波羅僧羯諦、
菩提娑婆訶。
般若心經。

開朗的度日；也有年輕喪偶者，用光明的心態教養下一代。這些人往往不是生來如此，但為什麼遭遇外在價值觀的不幸之後，還能夠爽朗的活下去呢？

這是因為藉由痛苦的經驗，意識到絕對不能因此氣餒的自己本來的力量，相信自己一定能夠戰勝不幸。如此說來，整天煩惱會不會遭遇不幸的我們，是不是太焦慮不安了。

人類常為過去的事悔恨不已，對將來的未知感到不安煩惱。可是只要面對現實，知所當行就可以了，誰也不曉得明天將會如何。

度一切苦厄

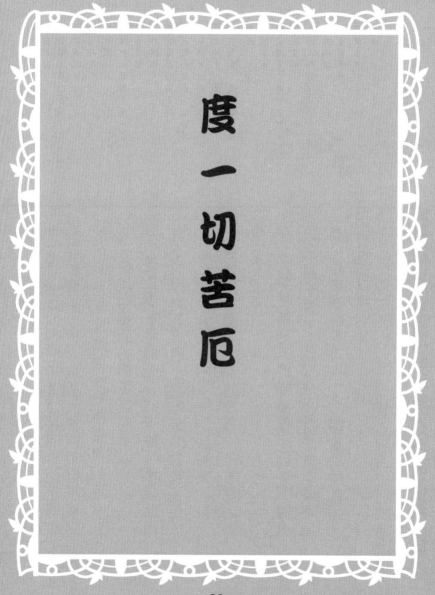

●領悟到平常我們所說的「自己」並非實體，就可以從一切的苦厄當中解脫。

●我們長時間生活在外界的物質世界「色」當中，因此，喜怒哀樂、滿足與否等感情表現，都與外界的對象息息相關，身體與精神的基本任務是創造一個追求愉快、避免不愉快的行動模式。例如第一次吃了不喜歡的味道，下次就不再吃這樣食物，藉由附帶條件的律動，提高存活率（人體內負責這項功能的是免疫系統）。但是，這種追求愉快、避免不愉快的附帶條件作用，也可以說是苦惱的泉源。

當我們追求不到愉快、避免不了不愉快的時候，痛苦與煩惱就滋生了。

which saves form all woes and trouble

觀自在菩薩、
行深般若波羅蜜多時、
照見五蘊皆空、
度一切苦厄。
舍利子、
色不異空、空不異色、
色即是空、空即是色。
受想行識、亦復如是。
舍利子、
是諸法空相、
不生不滅、
不垢不淨、
不增不減。
是故空中、
無色無受想行識、
無眼耳鼻舌身意、
無色身香味觸法、
無眼界乃至無意識界。
無無明、亦無無明盡、
乃至無老死、亦無老死盡、
無苦集滅道。
無智亦無得。
以無所得故。

所謂苦，是圍繞在我們周圍，外在世界有形的「物質、身體、個性」等等所引起的。

和宇宙生命能量融為一體的自我本身，能夠從意識自己完美且尊貴的生命體開始，一步一步地改變自己的人生。

如果你沒住在應該居住的地方，沒做應該做的事情，你就會意識到本來的自己內心的聲音，相信這個聲音、跟隨這個聲音，開始走向自己應該居住的處所，做自己應該做的事情。

當人生出現問題的時候、諸事不順的時候，正是「本來的自己」沒活在「現在、這裡」的訊號出現了。

菩提薩埵、
依般若波羅蜜多故、
心無罣礙。
無罣礙故、
無有恐怖、
遠離一切顛倒夢想、
究竟涅槃。
三世諸佛、
依般若波羅蜜多故、
得阿耨多羅三藐三菩提。
故知般若波羅蜜多、
是大神咒、是大明咒、
是無上咒、是無等等咒。
能除一切苦、
真實不虛。
故說般若波羅蜜多咒。
即說咒曰、
羯諦、羯諦、
波羅羯諦、
波羅僧羯諦、
菩提娑婆訶。
般若心經。

不順利是因為本來的自己被外側的自我和情感牽絆住的緣故。

只要能夠捨棄被感情、自我束縛住的舊的自己，意識到內心深處本來的自己，正面能量就會如潮水般泉湧而來，快速帶領我們的人生朝生氣勃勃、強而有力的方向改變。

在不受感情、自我束縛的情況下，意識到本來的自己本身，最終也能夠斬斷對於世間有形物（物質、財富、權力、享樂等）的執著。

有福沒福，都是由心造。有智慧的人，曉得這都是自作自受；糊塗的人，就都推到命運頭上去了。

《書經》上說：「天道是不容易相信的，人的命，是沒一定的。」又說：「人的命沒有一定，是要靠自己創造的。」

人的禍福，都是自己求來的，這些話實在是聖人的話；若是禍福，都是天所注定的，那是世上庸俗人所講的。

哲人說：「認識自己是一件最難的事情。」

第二章

從自我的迷惘中覺醒

不論心靈或身體，
都是由許多因緣匯集而成，
在任何場所均無實體。

因此，不論是創造出自己的身體和心靈，
或圍繞在周圍的外界，
都與自我或我的東西是分開的概念。

——薩遮迦小經

舍利子　色不異空

●舍利子為佛陀十大弟子之一，稱為智慧第一人。

●色是「有形物」，在人指身體，外界泛指全般物質現象。

●呈現在我們眼前的物質現象，並不是原來的樣貌，而是我們本身針對自己所需要，從中擷取後再構成的樣貌。換言之，我們的知覺與行動透過一定的行動模式連結以後，外界才做為「有形物」成立。就像印象派畫家描繪光線一般。原本沒有美醜的區別，我們認為存在於外界之物，只不過是我們的價值判斷投影在外界之物。

●追逐喜悅、迴避悲傷的裝置，佛教稱之為煩惱。顯現在我們面前的外界的「色」，正是受煩惱裝置所支配。

Śâriputra! From does not differ from emptiness

觀自在菩薩、
行深般若波羅蜜多時、
照見五蘊皆空、
度一切苦厄。
舍利子、
色不異空、空不異色、
色即是空、空即是色。
受想行識、亦復如是。
舍利子、
是諸法空相、
不生不滅、
不垢不淨、
不增不減。
是故空中、
無色無受想行識、
無眼耳鼻舌身意、
無色身香味觸法、
無眼界乃至無意識界。
無無明、亦無無明盡、
乃至無老死、亦無老死盡、
無苦集滅道。
無智亦無得。
以無所得故。

以「色」代表宇宙之間所有的物體，但這些物體的形體只佔宇宙空間的一部分。但是，這些物體不管何等貴重，只要經過一段時間便會腐朽幻化為塵埃，消失得無影無蹤。

海水受日照而蒸發成雲氣，然後又成雨落地，再流入浩瀚的汪洋大海中。萬物都是依因緣而轉變的。因此「色無異於空」。

你的感情、自我會妨礙你的暢快人生。這句話一定有人反駁，開玩笑，怎麼可能。我們換一種說法，那些讓你感覺痛苦的感情，不要也罷！

應該沒有人反對這種說法。或許有人

菩提薩埵、
依般若波羅蜜多故、
心無罣礙。
無罣礙故、
無有恐怖、
遠離一切顛倒夢想、
究竟涅槃。
三世諸佛、
依般若波羅蜜多故、
得阿耨多羅三藐三菩提。
故知般若波羅蜜多、
是大神咒、是大明咒、
是無上咒、是無等等咒。
能除一切苦、
真實不虛。
故說般若波羅蜜多咒。
即說咒曰、
羯諦、羯諦、
波羅羯諦、
波羅僧羯諦、
菩提娑婆訶。
般若心經。

立刻具體指出，找我麻煩的是上司A、借錢不還的B、拒絕我的無情女子，或者是，我一輩子也買不起一棟房子、沒辦法進入一流企業、業績沒起色等。

但是，因為這些事而煩惱、受傷的是你的感情、自我。就算有困擾你的事實，只要你的感情不傷害、打擊自我，就不會感覺痛苦。

那麼，就將受創的感情丟棄吧！

談何容易！以前你注意到造成痛苦的不是身外之物，而是自己的感情了嗎？就算注意到，是不是也無能為力呢？脫下感情的外套，意識本來的自己，這是解脫痛苦的第一步。

透過冥想回歸自己本身

❶找個安靜的場所，躺在床上或墊子上。
❷採取舒服的姿勢（兩腳微微張開，兩手置於身體兩側，手掌朝上）、閉目。
❸緩慢深呼吸數次。
❹注意力集中在使身體放鬆，不要想任何事情（即使湧現雜念也不去管它）。身體無法放鬆的時候，先使勁讓全身緊張，再一口氣放鬆，反覆幾次之後，身體就自然放鬆了。
❺身體放鬆、心情平靜之後，意識集中在腹部深處。
❻如果正煩惱某件事，不知該如何決定，試著直接問自己的內心深處，該怎麼辦？

❼可能有答案自然傳到你的內心，也可能缺乏明確的指引。

❽如果答案和你的直覺相吻合，這就是正確的方向。

❾如果沒有任何感覺，就等待下一次機會。

❿每天持續放鬆身心、提問自己的內心，不但能夠回歸自我本身，也能夠讓身心更柔軟、更具有感性。

⓫工作、應酬一段時間後，花幾分鐘冥想，養成和自己的內心相處的習慣。

⓬冥想並非睡眠，所以若是完全失去意識，那麼，任何事都無法做成，但只要不是睡眠狀態而是下意識所製造的狀態即可。

空不異色

●外界物質分為二種，一種帶給我們喜悅，一種令我們反感。除此之外的物質，不是沒有進入我們的知覺，就是即使進入我們的知覺也沒留下記憶，等於不存在。

我們喜歡追求正面的，迴避負面的，但我們所見外界正面的物質，事實上，只不過是我們喜悅的感情投影在外界所呈現出來的樣貌，完全不具實體。

and emptiness does not differ
from form

觀自在菩薩、
行深般若波羅蜜多時、
照見五蘊皆空、
度一切苦厄。
舍利子、
色不異空、空不異色、
色即是空、空即是色。
受想行識、亦復如是。
舍利子、
是諸法空相、
不生不滅、
不垢不淨、
不增不減。
是故空中、
無色無受想行識、
無眼耳鼻舌身意、
無色身香味觸法、
無眼界乃至無意識界。
無無明、亦無無明盡、
乃至無老死、亦無老死盡、
無苦集滅道。
無智亦無得。
以無所得故。

我們的煩惱大抵來自於過去發生的事情，以及對於未來的不安，人們鮮少為現在而苦。

例如，明天有一場重要的會議，煩惱自己的報告是否會順利，內心整日擔憂，甚至夜晚失眠。

我們煩惱的是明天的事情，因為太過於擔心明天，卻糟蹋了今天。

今晚失眠會使得明天的會議更順利嗎？當然不會。反而帶來負面效果的機率更高。

我們擔心的是明天的會議能不能夠順利進行，然而我們的擔心不但對於會議順利進行毫無幫助，反而還提高會議不順利

菩提薩埵、
依般若波羅蜜多故、
心無罣礙。
無罣礙故、
無有恐怖、
遠離一切顛倒夢想、
究竟涅槃。
三世諸佛、
依般若波羅蜜多故、
得阿耨多羅三藐三菩提。
故知般若波羅蜜多、
是大神咒、是大明咒、
是無上咒、是無等等咒。
能除一切苦、
真實不虛。
故說般若波羅蜜多咒。
即說咒曰、
羯諦、羯諦、
波羅羯諦、
波羅僧羯諦、
菩提娑婆訶。
般若心經。

的機率。

我們首先應該做的，是充分認識現在的狀況（自己的感情造成自己痛苦）。大部分的人認為，自己的痛苦來自於外在因素，完全沒有意識到是自己的感情和自我造成內心的痛苦。

這宇宙是個依循某種法則在運作的法界。而宇宙法界的事情，通常稱之為「空」。天空是空，但絕非空空如也。而是含有氧、氮等元素的寶庫。

「生死有命」是唯心的，而命有生死，它是我們都要嚴肅思考和對待的。唯有珍惜生命，戰勝命運，生命才有價值。

簡易養生運動３

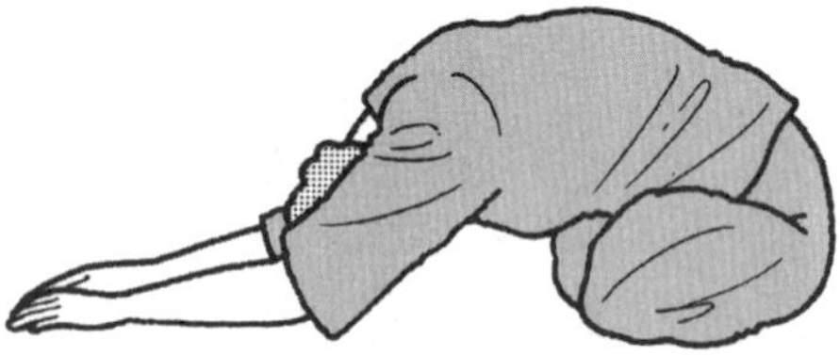

1、背脊伸直坐下，雙腳腳跟靠向大腿根部，雙膝呈一直線。
2、雙膝貼地面，脊背和腰部垂直。
3、腹部慢慢吐氣，同時身體慢慢向前倒（胸部儘量靠地面），集中意識在身體的動作與呼吸一致。
4、雙手和脊背充分向前伸展。維持這個姿勢數秒鐘。
5、恢復原來的姿勢，意識集中在身體放鬆的感覺。

簡易養生運動4

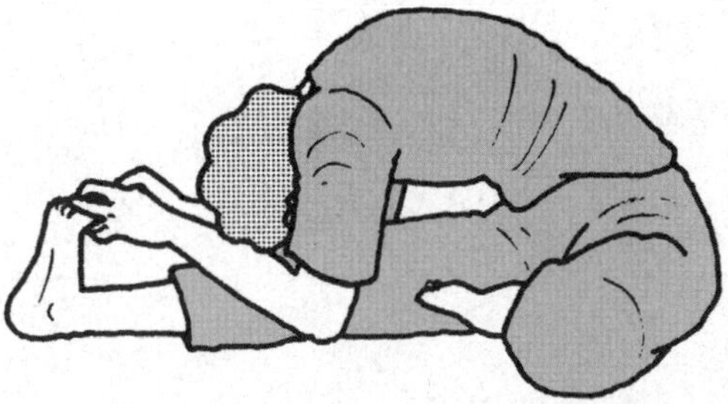

1、雙腳伸直坐下。
2、左腳彎曲靠向大腿的根部，貼在地面上。
3、右手抓住右腳的大拇趾，左手也靠過去。
4、慢慢吐氣的同時，臉部慢慢靠近腳部。意識集中在呼吸與身體的動作一致。
5、動作停止後保持5～10秒鐘。意識集中在身體，保持正常呼吸。
6、手放開，身體恢復原狀，意識集中在身體延伸的放鬆感。

色即是空

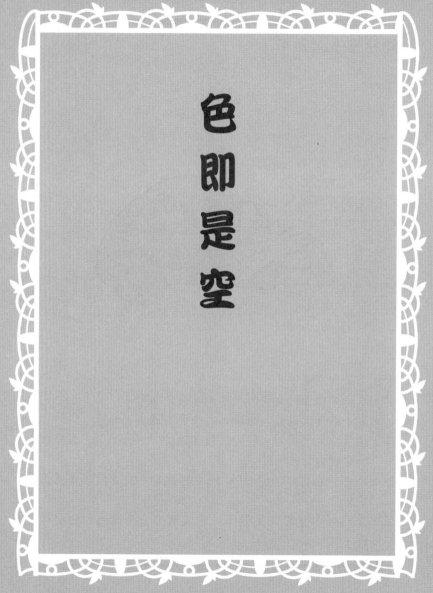

●空就是數字的「0」，「色」即是空，意指外界既非正也非負。

●從零的地方開始，只想追求正、一味地避開負，難免陷於痛苦當中。

●我們認為「色」的世界裡存在的物質，其實是我們的煩惱投影出來的態樣，看見煩惱投影出來的態樣，我們的煩惱又被挑逗起來了。完全無實體的兩種態樣相互照映，便陸續出現美麗的、有價值的物質，或醜陋的、可恨的物質等幻影。

From itself is emptiness

觀自在菩薩、
行深般若波羅蜜多時、
照見五蘊皆空、
度一切苦厄。
舍利子、
色不異空、空不異色、
色即是空、空即是色。
受想行識、亦復如是。
舍利子、
是諸法空相、
不生不滅、
不垢不淨、
不增不減。
是故空中、
無色無受想行識、
無眼耳鼻舌身意、
無色身香味觸法、
無眼界乃至無意識界。
無無明、亦無無明盡、
乃至無老死、亦無老死盡、
無苦集滅道。
無智亦無得。
以無所得故。

佛陀要我們養成將自己的感情（心動）視為「這不是自己的東西」的習慣。也許人們滿心狐疑，但佛陀的確不斷地表示身體和心都不是自己的，這就是五蘊皆空。徹底了解的時候（「照見五蘊皆空」），便能夠擺脫一切苦惱（「度一切苦厄」）。

內心因為過去和未來的事情而喜悅、悲傷、後悔，這些都不是我們的作為，隨著內心的動搖，身體出現「不安」、「擔心」、「後悔」的反應，這些也都不是我們的作為。

究竟是什麼動搖了我們的感情呢？是來自「色」的世界的訊息。由於從

菩提薩埵、
依般若波羅蜜多故、
心無罣礙。
無罣礙故、
無有恐怖、
遠離一切顛倒夢想、
究竟涅槃。
三世諸佛、
依般若波羅蜜多故、
得阿耨多羅三藐三菩提。
故知般若波羅蜜多、
是大神咒、是大明咒、
是無上咒、是無等等咒。
能除一切苦、
真實不虛。
故說般若波羅蜜多咒。
即說咒曰、
羯諦、羯諦、
波羅羯諦、
波羅僧羯諦、
菩提娑婆訶。
般若心經。

出生以來長時間的習慣，我們的內心和「色」的世界緊密相連，甚至連自己都完全沒有意識到。

愉快、悲傷、喜悅、痛苦完全和外界的對象連結，以致於我們內心完全忘記，和「色」的世界不同的真實的喜悅泉源。

釋迦牟尼說：「人生本來就是苦，所以不管多苦、多悲傷，也不要說『苦啊！』要張大眼睛，向光明看去。

《書經》上說：「自滿，就會遭到損害，自謙，就會受到益處。」人生如舞台，平時，台下有很多雙眼睛觀注著你的一言一行、一舉一動。如果您的言行舉止非常精彩時，台下必然有很多掌聲回報於你。

空即是色

●無實體的東西反映自己的投影之後，創造出無實體的世界，佛陀希望藉由解開這個裝置之迷，帶領眾生脫離苦厄。
首先，必須「意識」到這個裝置的存在。痛苦來自於將無實體看成有實體，所以，只要能夠「意識」到無實體，問題就解決一半了。佛教所謂的「了悟」不是「相信」，「了悟」是「了解」的意思，一切的問題都因了解迎刃而解。

and emptiness itself is form

觀自在菩薩、
行深般若波羅蜜多時、
照見五蘊皆空、
度一切苦厄。
舍利子、
色不異空、空不異色、
色即是空、空即是色。
受想行識、亦復如是。
舍利子、
是諸法空相、
不生不滅、
不垢不淨、
不增不減。
是故空中、
無色無受想行識、
無眼耳鼻舌身意、
無色身香味觸法、
無眼界乃至無意識界。
無無明、亦無無明盡、
乃至無老死、亦無老死盡、
無苦集滅道。
無智亦無得。
以無所得故。

佛陀不斷地說，我們以為我是自己，事實上我不是自己。我們口口聲聲說的「自己、自己」是感情、自我，並非我們的實體。

這個世界有形之物也不是實體，一切都是「空」。

總而言之，完全沒有「你、我、這個、那個」等等個別的實體。

然而，我們愚昧的迷失在有形的世界裡，亦憂亦喜。

不去思考創造我們的宇宙生命體，誤認為自己是由自己的意志、力量所創造；忘記詢問自己的存在，只想單憑自己的力量，在物質世界裡獲得人生的意義與滿足

菩提薩埵、
依般若波羅蜜多故、
心無罣礙。
無罣礙故、
無有恐怖、
遠離一切顛倒夢想、
究竟涅槃。
三世諸佛、
依般若波羅蜜多故、
得阿耨多羅三藐三菩提。
故知般若波羅蜜多、
是大神咒、是大明咒、
是無上咒、是無等等咒。
能除一切苦、
真實不虛。
故說般若波羅蜜多咒。
即說咒曰、
揭諦、揭諦、
波羅揭諦、
波羅僧揭諦、
菩提娑婆訶。
般若心經。

感，因此陷入惡戰苦鬥中。

我們希望達成愈多物質目的愈好，沒達成目的便心生不滿，事實上，無論到達什麼程度，我們的心都無法真正的平靜下來。

如何才能夠從追求無實體的愚昧當中解脫呢？只有拂去出生之後附著於身心的污垢，才能夠意識到與生俱來尊貴的自己本身。

意識佛陀說的「本來的自己」，真實感覺存在無限能量與可能性，相信自己，有形的世界就變成次要的了。

金剛經云：「一切有為法，如夢幻泡影，如露亦如電，應作如是觀。」

簡易養生運動5

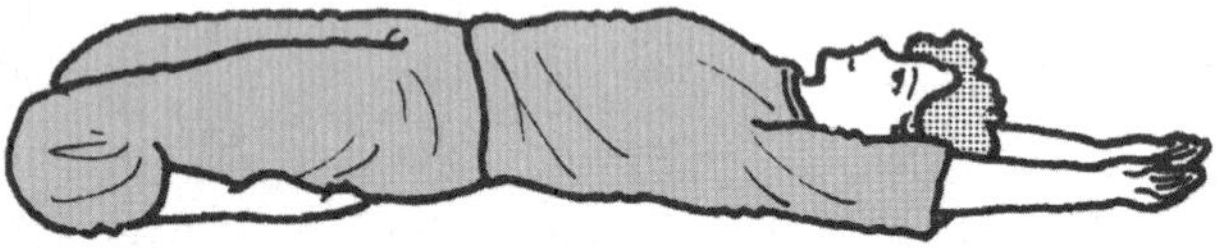

1、跪坐於雙腳之間。
2、雙手置於腰後，緩慢吐氣的同時，上半身向後倒下。
3、身體完全倒下來後，全身放鬆，調整呼吸1分鐘。
4、彎曲的雙腳慢慢伸直起身。

簡易養生運動6

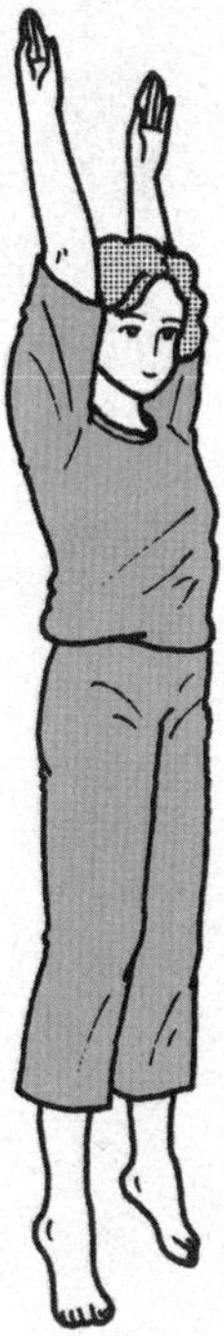

1、慢慢吐氣的同時雙手舉高、踮腳尖，意識集中在呼吸與身體的動作一致。
2、雙手高舉到頭上的時候，完全用腳尖站立。
3、維持這個姿勢吸氣，暫停數秒鐘，再一口氣吐氣，雙手放下、全身放鬆。意識集中在身體的放鬆感覺。

受想行識

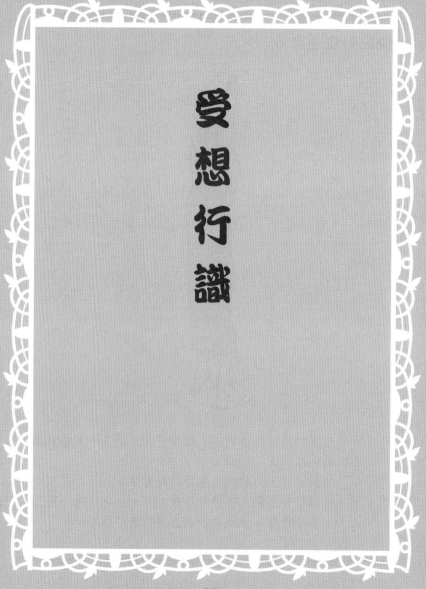

●佛陀將精神的作用分為受、想、行、識四個層面。

「受」是感受對象，藉由感受的過程，表象、記憶印象開始產生作用，這個階段稱為「想」。這些記憶印象和我們心中某些特定的感情及行為自發性的蠢動起來，產生連結現象，這個階段稱為「行」，是「思想」現實化的階段。「識」是全體的認識作用。

例如，看見某種花是「受」；因為看見這種花，啟動了記憶印象是「想」的階段；隨著對這種花的印象產生的感情波動、隨著感情波動產生的行為，都是潛在性的作用，稱為「行」。因為看見美麗的花朵，內心湧現愉快的感情，產生「摘取」的行為。

Sensation,notion,action and cognition (are also like this)

觀自在菩薩、
行深般若波羅蜜多時、
照見五蘊皆空、
度一切苦厄。
舍利子、
色不異空、空不異色、
色即是空、空即是色。
受想行識、亦復如是。
舍利子、
是諸法空相、
不生不滅、
不垢不淨、
不增不減。
是故空中、
無色無受想行識、
無眼耳鼻舌身意、
無色身香味觸法、
無眼界乃至無意識界。
無無明、亦無無明盡、
乃至無老死、亦無老死盡、
無苦集滅道。
無智亦無得。
以無所得故。

所謂的五蘊，就是集色和四個心而成的。而此四個心的動作，即是感覺、感情、意志、判斷等作用的產生。

也許有人認為，既然感情、自我都不是自己的，就不能隨心所欲，當然沒有能力消除苦厄。

為什麼說了解一切都是空（「照見五蘊皆空」），能夠讓我們脫離苦惱（「度一切苦厄」）呢?

重點在於「了解」。

「了解」的極致境界就是「了悟」。

相反的，「不了解」稱為「無明」。

佛教是以從「不了解」過度到「了解」為主題的宗教。

菩提薩埵、
依般若波羅蜜多故、
心無罣礙。
無罣礙故、
無有恐怖、
遠離一切顛倒夢想、
究竟涅槃。
三世諸佛、
依般若波羅蜜多故、
得阿耨多羅三藐三菩提。
故知般若波羅蜜多、
是大神咒、是大明咒、
是無上咒、是無等等咒。
能除一切苦、
真實不虛。
故說般若波羅蜜多咒。
即說咒曰、
羯諦、羯諦、
波羅羯諦、
波羅僧羯諦、
菩提娑婆訶。
般若心經。

昨日的會議進行得不順利，到今天都還一直掛念著，這時候我們「了解」再怎麼掛念也於事無補嗎？我們「意識」到了嗎？應該沒有吧！這時候的我們只是一味地「惦記著」、「心神不寧」。

這時候我們處於「無明」的世界。苦惱就是從我們「不了解」自己在做什麼開始產生。

過去的事不要再想，未來的尚未到，何必操心。聰明人抓著現在。

人生實在是夢中之夢，等證到羅漢果，才恍然大悟，知道已往乃是一場夢。

亦復如是

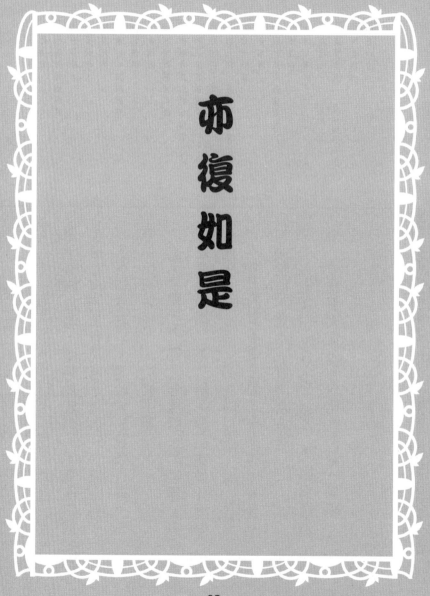

●前面已經論述過，心的作用亦非實體，徹底受外界「色」的影響，又反過來對外界的「色」造成影響，環環相扣的關係互相支撐。

●當「色」的肉體回歸空虛之中，伴隨此肉體的受想行識也一樣，從「空」中來亦回歸於「空虛」之中。

(Sensation,notion,action and cognition) are also like this

觀自在菩薩、
行深般若波羅蜜多時、
照見五蘊皆空、
度一切苦厄。
舍利子、
色不異空、空不異色、
色即是空、空即是色。
受想行識、亦復如是。
舍利子、
是諸法空相、
不生不滅、
不垢不淨、
不增不減。
是故空中、
無色無受想行識、
無眼耳鼻舌身意、
無色身香味觸法、
無眼界乃至無意識界。
無無明、亦無無明盡、
乃至無老死、亦無老死盡、
無苦集滅道。
無智亦無得。
以無所得故。

我們意識到自己「掛心惦念」這件事，然後會怎麼樣呢？就不會「掛心惦念」了，不是嗎？

通常人們了解到自己做的事情毫無助益的時候，就不會再持續相同的行為。

雖然也許還是在意，但至少會停止繼續的「掛心惦念」，轉而思考下次一定要準備得充分一點。

與人相約，對方遲到時，大部分的人會「焦急不安」，之所以會「焦急不安」，是因為自己沒注意到焦急不安這件事情，所以出現焦急不安。

意識到焦急不安這件事，腦海就會思考，即使自己焦急不安也無法讓對方早

菩提薩埵、
依般若波羅蜜多故、
心無罣礙。
無罣礙故、
無有恐怖、
遠離一切顛倒夢想、
究竟涅槃。
三世諸佛、
依般若波羅蜜多故、
得阿耨多羅三藐三菩提。
故知般若波羅蜜多、
是大神咒、是大明咒、
是無上咒、是無等等咒。
能除一切苦、
真實不虛。
故說般若波羅蜜多咒。
即說咒曰、
羯諦、羯諦、
波羅羯諦、
波羅僧羯諦、
菩提娑婆訶。
般若心經。

到，於是轉而閱讀書籍等待。這樣做至少不會讓寶貴的時間空轉，感情上也不至於心神不寧。

因為「不瞭解」、「無意識」自己當時的狀態，才會持續做愚昧的事情。

人不是壞的，只是習氣罷了；每個人都有習氣，只是深淺不同罷了。只要有向道的心，能原諒的就原諒他，不要把他看做壞人。

硬要把單純的事情看得很嚴重，你會很痛苦。廣結眾緣，就是不要去傷害任何人。擁有一顆無私的愛心便擁有了一切。

逆境是成長必經的過程，能勇於接受逆境的人，生命就會日漸茁壯。

當你快樂時，應該想，這快樂不是永恆的。當你痛苦時，要知道，這個痛苦也不是永恆的。

每一種創傷，都是一種成熟。佛菩薩只保佑那些肯幫助自己的人。

第三章

萬物環環相扣

萬物根本毫無差別，
歸根究底就是一個「空」字。

——楞伽經

舍利子　是諸法空相

●法是指存在或真理？這裡代表存在的意思。「諸法」指的是「萬物」。

●萬物都是一面鏡子，交互反映出對方的存在，但並無實體存在任何地方。

O Śâriputra! These matters are marked by emptiness

觀自在菩薩、
行深般若波羅蜜多時、
照見五蘊皆空、
度一切苦厄。
舍利子、
色不異空、空不異色、
色即是空、空即是色。
受想行識、亦復如是。
舍利子、
是諸法空相、
不生不滅、
不垢不淨、
不增不減。
是故空中、
無色無受想行識、
無眼耳鼻舌身意、
無色身香味觸法、
無眼界乃至無意識界。
無無明、亦無無明盡、
乃至無老死、亦無老死盡、
無苦集滅道。
無智亦無得。
以無所得故。

我們大部分的時間都不存在於「現在、這裡」，換句話說，我們是活在反映過去或未來的印象中。

這是在我們不知不覺，亦即無意識當中發生的過程，也可以說我們的心幾乎不曾單純的活在「現在、這裡」。

包含大腦在內的整個身體，是累積過去的系統，我們只不過是藉由這個被過去累積的身體，活在現在而已。

佛陀如此說道：「比丘們啊！這個身體不是你的，也不是別人的。這個身體是藉由以前的行為被創造、被思念、被知覺出來的物質。」

人的神經系統，是連結外界的「色」

菩提薩埵、
依般若波羅蜜多故、
心無罣礙。
無罣礙故、
無有恐怖、
遠離一切顛倒夢想、
究竟涅槃。
三世諸佛、
依般若波羅蜜多故、
得阿耨多羅三藐三菩提。
故知般若波羅蜜多、
是大神咒、是大明咒、
是無上咒、是無等等咒。
能除一切苦、
真實不虛。
故說般若波羅蜜多咒。
即說咒曰、
羯諦、羯諦、
波羅羯諦、
波羅僧羯諦、
菩提娑婆訶。
般若心經。

與自己的行動的裝置。

我們的身體，是為了對應特定的訊息、特定的行動而被製造出來的。

因此，一旦完成身體這種機械性的系統，則即使面臨現在的訊息，也會發生顛倒的情形，以過去的反應模式反應現在。

人是多麼容易被聲色之相所迷惑，因此也就很容易墮入外道，產生貪心惡念。

人為財死，鳥為食亡，古今中外，多少人難逃利慾的誘惑而身敗名裂。能捨，便能得安樂、得自在。

被自己的完美主義壓得喘不過氣時

❶試著工作、文書處理、整理、書桌擺設、家具配置、時間安排等等，凡事一絲不苟，極端追求完美。

❷結果，體驗到喪失時間、困擾他人、消耗體力，這時候不妨自問自答，遭受這些損失換來的「完美」究竟是什麼？

❸捫心自問，因為追求完美，滿足了什麼樣的感情？損失了什麼樣的感情？

❹回想看看，是誰教你非完美不可？何時？因為什麼契機？使得你事事都要求完美？

❺找出執著於完美的原因，確認造成完美性格的契機，就能夠從客觀的角度剖析自己對於「完美」的拘泥。

❻條列出必須追求完美的事物，以及不必刻意如此的事物，並且寫出理由。

❼從追求完美事務的清單中剔除不必要的部分，將追求完美的對象降到最低限度。

❽當你煩惱的時候，就告訴自己，這一切都是假的，你還煩惱什麼？一念放下，萬般自在。

不生不滅

●因為一切都不是實體，所以完全沒有生或滅這種相對的存在。

●所有的物體，都將以原本的形態回歸到屬於自己的空間中，這就是大自然的法則。

●能開啟一切眾生，了知般若是三世諸佛之母，是不生不滅的常樂我淨的涅槃妙法。

neither being born nor perishing

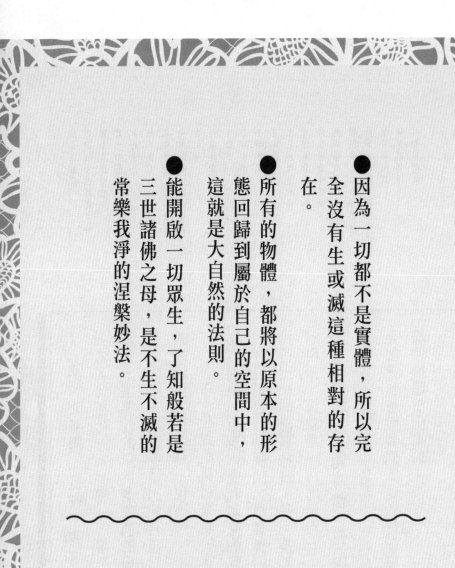

觀自在菩薩、
行深般若波羅蜜多時、
照見五蘊皆空、
度一切苦厄。
舍利子、
色不異空、空不異色、
色即是空、空即是色。
受想行識、亦復如是。
舍利子、
是諸法空相、
不生不滅、
不垢不淨、
不增不減。
是故空中、
無色無受想行識、
無眼耳鼻舌身意、
無色身香味觸法、
無眼界乃至無意識界。
無無明、亦無無明盡、
乃至無老死、亦無老死盡、
無苦集滅道。
無智亦無得。
以無所得故。

我們的身體一旦有了固定化的行動（滿足慾望的行為）模式，接著就從宇宙當中，選擇性的只挑選我們的模式能夠處理的訊息，於是創造出配合自己的行動模式的世界，也就是「色」。

因此，在我們看起來屬於客觀存在的物質現象「色」，並非本來的存在，而是配合我們的行動模式，從真實的宇宙當中挑選出來的合適物質，是「被製造」出來的現象，這就是「色即是空」。

我們的內心和身體，甚至物質現象「色」，一切都不是實體（「五蘊皆空」），全部都是依照我們本身的行動模式，附帶條件被雕塑出來的。

菩提薩埵、
依般若波羅蜜多故、
心無罣礙。
無罣礙故、
無有恐怖、
遠離一切顛倒夢想、
究竟涅槃。
三世諸佛、
依般若波羅蜜多故、
得阿耨多羅三藐三菩提。
故知般若波羅蜜多、
是大神咒、是大明咒、
是無上咒、是無等等咒。
能除一切苦、
真實不虛。
故說般若波羅蜜多咒。
即說咒曰、
揭諦、揭諦、
波羅揭諦、
波羅僧揭諦、
菩提娑婆訶。
般若心經。

因此，我們看見的物質現象「色」，是我們的行動模式投影在外界所呈現出來的現象。

長期持續這種生活方式，久而久之就產生了個人不同的偏執、歪曲。

現在我們必須意識有形的世界正是自己本身的投影，不論是好是壞，都要重新調整行動模式。

家家有本難念的經，人人有個難解的結。上天雖讓人有三六九等，卻也各自有他的煩惱。人不論在山野或是在城市，如果能自知自足，消除了慾念，就能夠放下煩惱了。

簡易養生運動7

1、雙手插腰，身體往左後方轉時，重心放在右腳，身體往右後方轉時，重心放在左腳。
2、慢慢吐氣的同時扭轉身體，意識集中在身體的動作和呼吸一致。
3、轉身到極限後靜止不動，吸氣，再慢慢地吐氣轉身回到原點，回到原點後意識集中在放鬆的感覺。

簡易養生運動8

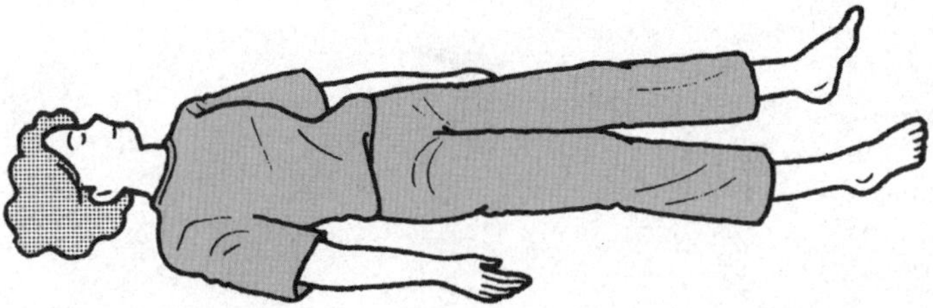

1、仰躺，慢慢吐氣的同時縮小腹。
2、吐氣完畢，吸氣讓小腹鼓起。
3、想像著吐出體內的穢氣，吸入宇宙的能量。
4、學會這種腹式呼吸法，能夠使自律神經安定，身心放鬆。

不垢不淨

●沒有乾淨也沒有不乾淨，這是我們不斷重複的價值。任何物質都沒有乾不乾淨的差別，一切的價值判斷均是我們投影在外界的結果。所有一切沒有好與壞，一切都是空。

●不只是自己，還要讓自己以外的人，都要有相同的情感作用，要能化小為大。

being neither soiled nor pure

觀自在菩薩、
行深般若波羅蜜多時、
照見五蘊皆空、
度一切苦厄。
舍利子、
色不異空、空不異色、
色即是空、空即是色。
受想行識、亦復如是。
舍利子、
是諸法空相、
不生不滅、
不垢不淨、
不增不減。
是故空中、
無色無受想行識、
無眼耳鼻舌身意、
無色身香味觸法、
無眼界乃至無意識界。
無無明、亦無無明盡、
乃至無老死、亦無老死盡、
無苦集滅道。
無智亦無得。
以無所得故。

生命的流程好比水滴，剛開始在山裡積雲成雨而降，順著山谷匯入河川，最後注入汪洋大海之中，時間的轉變遷移也像水流一樣，是一瞬間也不停留的。

我們的悲與喜、滿不滿足、愉不愉快、安不安定，都太過與外界的有形物「色」糾結，追求喜悅、迴避悲傷的行動模式已經成為習性，卻完全沒有意識。

生命不斷地重複這種模式，以致於完全無法想像除此之外的生活方式。

這種行動模式不可能永遠一帆風順，既然是藉由身外之物產生滿足感，就不可能永遠持續，單是肉體就無法避免病與死，何況是來自於他人的愛情、信任等

菩提薩埵、
依般若波羅蜜多故、
心無罣礙。
無罣礙故、
無有恐怖、
遠離一切顛倒夢想、
究竟涅槃。
三世諸佛、
依般若波羅蜜多故、
得阿耨多羅三藐三菩提。
故知般若波羅蜜多、
是大神咒、是大明咒、
是無上咒、是無等等咒。
能除一切苦、
真實不虛。
故說般若波羅蜜多咒。
即說咒曰、
羯諦、羯諦、
波羅羯諦、
波羅僧羯諦、
菩提娑婆訶。
般若心經。

等，更不是自己能夠掌握的。

這個世界不可能只存在讓自己感覺舒服愉快的人，自己重視的物品不可能永遠存在、不損壞。只要我們繼續從外界的物質裡找尋幸福，就永遠像在砂堆上建築閣樓一般。

人生不如意十常八九，或事業、或感情、或家庭總會有些令人不快的怨懟，然而只要淡看知足，心也就平了。

既然我們不能改變周遭的世界，我們就只好改變自己，用慈悲心和智慧心來面對一切。若能一切隨他去，便是世間自在人。

不增不減

●本章節也是屬於實踐的篇章，任何人做的任何事情都是空，不必因為任何得失而焦慮苦惱。當感覺自己受到傷害的時候，最好養成稱念「不增不減」的習慣。

縱然了解一切都是空，但也許這個概念太抽象了，完全不知如何實踐，那麼就儘量在現實生活當中，找機會念誦心經，用任何節奏反覆念誦心經。

neither increasing nor decreasing

觀自在菩薩、
行深般若波羅蜜多時、
照見五蘊皆空、
度一切苦厄。
舍利子、
色不異空、空不異色、
色即是空、空即是色。
受想行識、亦復如是。
舍利子、
是諸法空相、
不生不滅、
不垢不淨、
不增不減。
是故空中、
無色無受想行識、
無眼耳鼻舌身意、
無色身香味觸法、
無眼界乃至無意識界。
無無明、亦無無明盡、
乃至無老死、亦無老死盡、
無苦集滅道。
無智亦無得。
以無所得故。

說明到這裡，我們應該都已經了解，自己過度擔心過去與未來的瑣事，招致無邊無際的煩惱，那該怎麼辦呢？因為出生後受到外界太多的影響，為了活在當下，非得逐漸脫離外界的控制不可，我們可以藉由訓練達到此目的。

佛教有許多訓練的方法，更貼切的說法是，佛教是追求活在當下的各種技巧集大成者。舉例來說，佛教經典《念處經》中有這麼一段：

「比丘行往或歸來時，以正知而行。前瞻或旁觀時，以正知而行。屈伸肢體時，以正知而行。著袈裟、持衣缽時，以正知而行。飲食、咀嚼、嚐味時，以正知而行。

菩提薩埵、
依般若波羅蜜多故、
心無罣礙。
無罣礙故、
無有恐怖、
遠離一切顛倒夢想、
究竟涅槃。
三世諸佛、
依般若波羅蜜多故、
得阿耨多羅三藐三菩提。
故知般若波羅蜜多、
是大神咒、是大明咒、
是無上咒、是無等等咒。
能除一切苦、
真實不虛。
故說般若波羅蜜多咒。
即說咒曰、
揭諦、揭諦、
波羅揭諦、
波羅僧揭諦、
菩提娑婆訶。
般若心經。

大小便利時，以正知而行。於行、住、坐、臥、醒、語、默時，亦以正知而行。」

如是，藉著徹底意識自己的行為，達到訓練活在當下的目的。

有時候，做人也讓我們費思量，誠如哲人所言，做人的極致是平淡，但真正能做到這一點的又有幾人。

不要刻意去猜測他人的想法，如果你沒有智慧與經驗的正確判斷，通常都會有錯誤的。

如果你能像看別人缺點一樣，準確地發現自己的缺點，那麼，你的生命將會不平凡。能夠把自己壓得低低的，那才是真正的尊貴。

簡易養生運動 9

1、坐下、雙腳併攏伸直，頭部、脊背與腰部垂直。
2、邊吐氣身體邊向前傾倒（腳尖朝向身體的方向彎曲）。
3、雙手儘量伸展，胸部儘量碰觸腿部。

簡易養生運動10

1、坐下、雙腳儘量張開，一開始不用太勉強，每日持續練習，慢慢雙腳張開的角度就會愈來愈大，愈來愈輕鬆。
2、邊吐氣身體邊向前倒，意識集中在呼吸與身體的動作一致。
3、一開始臉部著地，接著胸部、腹部也盡可能著地。

曾子曰：「十目所視，十手所指，其嚴乎！」

詩云：「戰戰兢兢，如臨深淵，如履薄冰。」

吾等凡有所作為，起念動心，佛菩薩乃至諸鬼神等，無不盡知盡見。若時時作如是想，自不敢胡作非為。

《書經》上也講：「自滿，就會遭到損害；自謙，就會受到益處。」

第四章

捨棄區別心

人如果能從有與無、迷惘與了悟、清靜與汙濁、善與惡等等相對立的言詞，以及這些言詞所衍生出來的情念脫離，便能夠領悟真正的「空」。

——維摩經

是故空中

●「是故」，表示把前面的道理做一個總結，馭上啟下，就是因為不生不滅，不增不減，不垢不淨，所以就把五蘊，色受想行識，全部都被除破了。

For these reasons,there is in emptiness

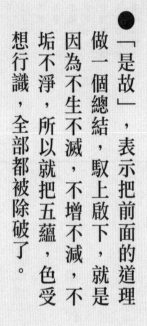

觀自在菩薩、
行深般若波羅蜜多時、
照見五蘊皆空、
度一切苦厄。
舍利子、
色不異空、空不異色、
色即是空、空即是色。
受想行識、亦復如是。
舍利子、
是諸法空相、
不生不滅、
不垢不淨、
不增不減。
是故空中、
無色無受想行識、
無眼耳鼻舌身意、
無色身香味觸法、
無眼界乃至無意識界。
無無明、亦無無明盡、
乃至無老死、亦無老死盡、
無苦集滅道。
無智亦無得。
以無所得故。

Q1、探詢你的真心，試著寫出現在令你不安的事情。

「例」

1、不知道明天的生意能不能順利談成？

2、抽太多菸了，不知道會不會罹肺癌？

3、孩子的成績不好，考不上好大學怎麼辦？

4、今天上司對我說話的口氣好像很冷淡。

5、前幾天對屬下說話太嚴厲了，不知道他會不會懷恨在心？

Q2、逐項檢查，挑出過去的事情和未來的事情。

1、2、3屬於未來的事情。

菩提薩埵、
依般若波羅蜜多故、
心無罣礙。
無罣礙故、
無有恐怖、
遠離一切顛倒夢想、
究竟涅槃。
三世諸佛、
依般若波羅蜜多故、
得阿耨多羅三藐三菩提。
故知般若波羅蜜多、
是大神咒、是大明咒、
是無上咒、是無等等咒。
能除一切苦、
真實不虛。
故說般若波羅蜜多咒。
即說咒曰、
羯諦、羯諦、
波羅羯諦、
波羅僧羯諦、
菩提娑婆訶。
般若心經。

4、5屬於過去的事情。

Q3、逐項檢查，挑出自己能夠解決的事情。

第2項抽菸一事，只要自己戒菸便可解決，其他4項不論你多麼的不安，都於事無補。

人往往不自覺地因為過去和未來的事情不安，只要條列下來一一檢視，應該可以注意到，自己的擔心幾乎都無法解決問題。

大多數的人一輩子只做了三件事：自欺、欺人、被人欺。世上的事，不如己意者，那是當然的。我們要學會只管自己的，不必去介意別人的扭曲與是非。

無色無受想行識

●這句話完全是前面解釋過的內容。

●反覆強調「空」中既無「色」亦無「受想行識」。

●從這段起，都以「無」開頭，層層堆疊出否定一切的內容，反覆念誦能夠發揮驚人的效果，達到身心放鬆的目的。連肉體都感覺得到「是啊！什麼都沒有，一切都是空。」念誦習慣之後，甚至一日不念誦都覺得事情沒做完。

no form nor is there sensation,notion,
action or cognition

觀自在菩薩、
行深般若波羅蜜多時、
照見五蘊皆空、
度一切苦厄。
舍利子、
色不異空、空不異色、
色即是空、空即是色。
受想行識、亦復如是。
舍利子、
是諸法空相、
不生不滅、
不垢不淨、
不增不減。
是故空中、
無色無受想行識、
無眼耳鼻舌身意、
無色身香味觸法、
無眼界乃至無意識界。
無無明、亦無無明盡、
乃至無老死、亦無老死盡、
無苦集滅道。
無智亦無得。
以無所得故。

意識到自己的不安，承認並接納這樣不安的自己，才得以從不安當中解脫。

透過意識、接納，你才能夠改變自己。這個技巧適用於所有困擾你的事情。

以上司今天對我好像比較冷淡為例，往往白天說話的時候沒什麼感覺，下班回家後愈想愈在意。

大部分的人這時候會無意識地不斷回想上司說的話和說話的態度，這樣也不對、那樣也不對。

現在最重要的是，自己意識到自己的心思一直圍繞在白天那件事情上打轉。有了意識之後，才能夠進一步思考

自己內心的不安有無助益。當然，這

菩提薩埵、
依般若波羅蜜多故、
心無罣礙。
無罣礙故、
無有恐怖、
遠離一切顛倒夢想、
究竟涅槃。
三世諸佛、
依般若波羅蜜多故、
得阿耨多羅三藐三菩提。
故知般若波羅蜜多、
是大神咒、是大明咒、
是無上咒、是無等等咒。
能除一切苦、
真實不虛。
故說般若波羅蜜多咒。
即說咒曰、
羯諦、羯諦、
波羅羯諦、
波羅僧羯諦、
菩提娑婆訶。
般若心經。

種場合你的不安無法讓你了解任何實情，你的上司對你的看法如何？只有他本人知道。

你再怎麼擔心也無法改變上司對你的看法，所以，你應該有意識地立即跳脫不安的心情。

寧可自己去原諒別人，不要讓別人來原諒你。古人云：「時時檢點自己且不暇，豈有工夫檢點他人。」孔子亦云：「躬自厚而薄責於人。」

不是某人使我有煩惱，而是我拿某人的言行來煩惱自己。如果你能夠平平安安地渡過一天，那就是一種福氣了。

無眼耳鼻舌身意

●從這裡開始的「無」，是（小乘）佛教的根本教理。

眼耳鼻舌身意是人體的感覺器官，從此處進入的感覺讓人們產生煩惱，這是佛教的根本教理之一。但是也有人持否定的態度，批評佛教的這種說法太狹隘，不夠靈活。

●既然一切都是「空」，那麼佛陀所教的一切應該也是空，說是一切都無實體，難道只有佛陀教的是實體嗎？這不是自相矛盾嗎？

一直以來，佛陀反覆強調，佛教本身也無實體。

no eye,ear,nose,tongue,body,mind

觀自在菩薩、
行深般若波羅蜜多時、
照見五蘊皆空、
度一切苦厄。
舍利子、
色不異空、空不異色、
色即是空、空即是色。
受想行識、亦復如是。
舍利子、
是諸法空相、
不生不滅、
不垢不淨、
不增不減。
是故空中、
無色無受想行識、
無眼耳鼻舌身意、
無色身香味觸法、
無眼界乃至無意識界。
無無明、亦無無明盡、
乃至無老死、亦無老死盡、
無苦集滅道。
無智亦無得。
以無所得故。

眼睛能捕捉外界的色而傳達給心，耳朵能捕捉聲音而傳達給心，鼻子能捕捉氣味而傳達給心，舌頭能捕捉到味道而傳達給心，皮膚則能感覺而傳達給心。

感覺不安，擔心的時候，你知道自己的身體出現什麼樣的變化嗎？脈搏加速、血壓上升、血液無法到達末梢、呼吸急促，受到驚嚇的時候也會出現相同的反應。換句話說，你的身體現在反應出你內心對於過去或未來的不安，因為身體出現反應，所以，當你不安的時候會睡不著、吃不下。

我們的身體不會區別過去或未來，也不會區別現實或非現實，完全真實的反應

菩提薩埵、
依般若波羅蜜多故、
心無罣礙。
無罣礙故、
無有恐怖、
遠離一切顛倒夢想、
究竟涅槃。
三世諸佛、
依般若波羅蜜多故、
得阿耨多羅三藐三菩提。
故知般若波羅蜜多、
是大神咒、是大明咒、
是無上咒、是無等等咒。
能除一切苦、
真實不虛。
故說般若波羅蜜多咒。
即說咒曰、
羯諦、羯諦、
波羅羯諦、
波羅僧羯諦、
菩提娑婆訶。
般若心經。

出你的內心。因此，為過去發生的事情焦慮煩惱的人，一直活在過去，不是活在現在，浪費時間，不是明智之舉。

一味地後悔過去、擔心未來的人，沒有時間真正的過生活。

這是內心無意識的作用造成的結果，所以，我們應該有意識的切斷過去、活在現在。

與任何人接觸時，要常常問自己，我有什麼對他有用的？使他得益的？如果我們不能以個人的道德、學問和修持的力量來使人受益，就等於欠了一份債。

簡易養生運動11

1、坐下、雙腳伸直。
2、左腳彎曲靠向大腿根部。
3、右手抓住右腳的大拇趾，左手輕輕轉向背後。
4、吐氣的同時背脊伸直，上身慢慢向左側扭轉。意識集中在呼吸與身體的動作一致。
5、扭轉至極限時，靜止、屏息維持姿勢一段時間。
6、吐氣的同時上身慢慢轉回原狀，回復原狀後意識集中在身體放鬆的感覺。
7、換腳進行相同的運動。
8、等到身體柔軟以後，轉向背後的手可以再繼續伸展，抓住彎曲的腳的大拇趾。

簡易養生運動12

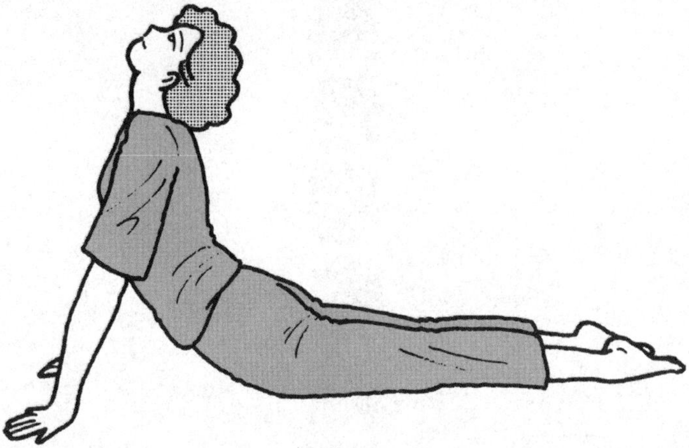

1、俯臥地面。
2、手肘靠向身體。
3、雙腳打開與肩同寬。
4、慢慢吐氣的同時，下顎、頸、胸、腹反轉向上伸展。呼吸與身體的動作一致。
5、伸展至極限時保持姿勢、吸氣。
6、吐氣的同時，腹、胸、頸、額慢慢著地。
7、回復原來的姿勢，意識集中在全身放鬆的感覺。

無色聲香味觸法

●前段提到的六種感覺器官（稱為六根），各自有其相對應的世界，即「色聲香味觸法」（稱為六境）。

（六根）		（六境）
意	→	法（意識的對象）
（主體）		（客體）
身	→	觸
舌	→	味
鼻	→	香
耳	→	聲
眼	→	色（有色或形的物質）

在「空」的領域裡，這些都是不存在的。

no form,sound,smell,taste,touch,object

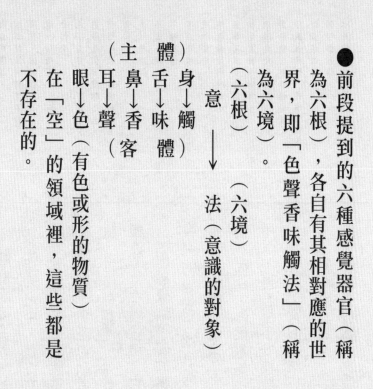

觀自在菩薩、
行深般若波羅蜜多時、
照見五蘊皆空、
度一切苦厄。
舍利子、
色不異空、空不異色、
色即是空、空即是色。
受想行識、亦復如是。
舍利子、
是諸法空相、
不生不滅、
不垢不淨、
不增不減。
是故空中、
無色無受想行識、
無眼耳鼻舌身意、
無色身香味觸法、
無眼界乃至無意識界。
無無明、亦無無明盡、
乃至無老死、亦無老死盡、
無苦集滅道。
無智亦無得。
以無所得故。

這是承接了上面宇宙觀的總論而說：「在空性之中，是沒有色、受、想、行、識等五蘊的。」既然沒有，就不用害怕、不用逃避，更不會執著了。六境和六根一樣，也沒有實性，只有暫時的，會變化的體性，沒有根、識，它也起不了作用。

你感覺到不安的事情，幾乎都是已經發生的過去，或者尚未來臨的未來，因此，多半是即使你不安也無法解決的事情。況且，你根本無法掌握他人的想法，所以，再怎麼不安都於事無補。

消除不安的方法只有一個，就是每當不安的時候，思考自己不安是否能夠解決事情，如果答案是否定的，就不要再去想

菩提薩埵、
依般若波羅蜜多故、
心無罣礙。
無罣礙故、
無有恐怖、
遠離一切顛倒夢想、
究竟涅槃。
三世諸佛、
依般若波羅蜜多故、
得阿耨多羅三藐三菩提。
故知般若波羅蜜多、
是大神咒、是大明咒、
是無上咒、是無等等咒。
能除一切苦、
真實不虛。
故說般若波羅蜜多咒。
即說咒曰、
羯諦、羯諦、
波羅羯諦、
波羅僧羯諦、
菩提娑婆訶。
般若心經。

它了，用意識排除自己內心的不安。乍看也許覺得很麻煩，但人不可能從不安一下子進步到完全沒感覺，所以，只好用這種方法循序漸進消除內心的不安。

首先，必須在不安的瞬間意識到自己的不安，換言之，必須仔細觀察自己現在的狀態，客觀的審視「感覺不安的自己」，這時候的你已經不是「感覺不安的自己」，而是「觀察不安的自己的另一個自己」，習慣自我觀察之後，便能夠慢慢的從不安當中得到解脫。

所謂的放下，就是去除你的分別心、是非心、得失心、執著心。只要面對現實，才能超越現實。

總是覺得不安時

❶仔細思考，是不是因為對於未來感到茫然，造成偏執的不安，導致你消耗生命，沒能「活在現在」。

❷想想看，是不是有什麼重要的事情延宕了，因此讓你感覺不安。

❸如果有重要事件待辦，試著條列出優先順序，依序解決後便能消除不安。（例如，必須打電話給誰、該準備什麼禮物、寫感謝信、返還物品、提交企畫案、交報告等）。

❹將自己放在和「現在」一致的狀態。（身體與內心如果不同調，就會陷於危險的狀態，例如划船、游泳、走路、旅行等）。

❺自己意識到面臨危險時緊張焦慮的自己，危機解除後輕鬆愜意的自己，真實體驗活在現在的感覺。

❻接納緊張焦慮、輕鬆愜意的自己本來的姿態。

❼被無意義的不安感侷限的時候，集中身心意識，不斷重複活在現在的行為。

❽感謝上蒼我所擁有的，感謝上蒼我所沒有的。

無眼界乃至無意識界

●六種感覺器官（六根）與相對應的六種對象（六境）創造出「六識」。

「六根」「六境」「六識」

意　法　（意識）

身　觸　（身識）

舌　味　（舌識）

鼻　香　（鼻識）

耳　聲　（耳識）

眼　色　（眼識）

這六根、六境、六識創造出來的領域稱為「十八界」。

●眼根↓色境↓眼識創造出來的是「眼界」；意根↓法境↓意識創造出來的是「意識界」。

●省略從「眼界」到「意識界」中間的世界，旨在說明這些由六根、六境、六識衍生出來的「十八界」，在「空」中都是無。

'there is no eye', &c.,till we come to 'there is no mind'

觀自在菩薩、
行深般若波羅蜜多時、
照見五蘊皆空、
度一切苦厄。
舍利子、
色不異空、空不異色、
色即是空、空即是色。
受想行識、亦復如是。
舍利子、
是諸法空相、
不生不滅、
不垢不淨、
不增不減。
是故空中、
無色無受想行識、
無眼耳鼻舌身意、
無色身香味觸法、
無眼界乃至無意識界。
無無明、亦無無明盡、
乃至無老死、亦無老死盡、
無苦集滅道。
無智亦無得。
以無所得故。

你大概認為自己內心的世界是自己的吧！換言之，我的內心愛怎麼想就怎麼想，真的如此嗎？

舉例來說，你因為上司的冷淡態度而感到不安，這是你自己自由的想法嗎？

不對！你不想也沒辦法，這種不安的念頭就直接進入你的內心，如果你的想法可以由你自己的自由意志控制，想必你不會為不安所苦。

佛陀的根本教義是，一切都無法如己所願，用言詞表現就是空這個字，連自己的內心也進入無法如己所願的世界，而內心反應於外界所顯現出來的就是躁動。如果能夠意識自己的內心動態，就能夠避免

菩提薩埵、
依般若波羅蜜多故、
心無罣礙。
無罣礙故、
無有恐怖、
遠離一切顛倒夢想、
究竟涅槃。
三世諸佛、
依般若波羅蜜多故、
得阿耨多羅三藐三菩提。
故知般若波羅蜜多、
是大神咒、是大明咒、
是無上咒、是無等等咒。
能除一切苦、
真實不虛。
故說般若波羅蜜多咒。
即說咒曰、
羯諦、羯諦、
波羅羯諦、
波羅僧羯諦、
菩提娑婆訶。
般若心經。

不安、後悔、憤怒。

首先，試著觀察內心的動態，觀察自己是否不安。因為這時候的主角是「觀察自己的自己」，所以即使內心燥動，「不安的自己」還是會從旁協助那個擔任主角的自己，隨著觀察作業持續進行，內心的波濤也會慢慢的收斂。

如果我們沒有肉體和心，自然也就沒有附在身上的眼、耳、鼻、舌、皮膚、意識的心。當然，也不可能有色、聲、香、味、觸覺的內心傳達作用，而所有的感覺和意識世界也都消失了，如果能這樣想，什麼樣的苦痛也都不存在了。

無無明亦無無明盡

●無明的原意是「無知」。佛陀的解釋為「無知」，但陷入「無知」的狀態，就會被情念（煩惱）束縛住，所以迷惘的狀態也稱為「無明」。

●這裡不單純只講無無明，陷入無明的狀態會成為情念的奴隸，歷經十二階段，最後呈現苦惱的狀態。茲列舉佛陀的十二緣起説。

●十二緣起説是講，緣於①無明（無知）而產生②行（造做諸業）、緣於行而產生③識（認識）、緣於識而產生④名色（精神與物質）、緣於名色而產生⑤六入（感覺的六個領域）、緣於六入而產生⑥觸（接觸）、緣於觸而產生⑦受（感覺）、緣於受而產生⑧愛（愛欲）、緣於愛而產生⑨取（執著）、緣於取而產生⑩有（完成）、緣於有而產生⑪生（出生）、緣於生而產生⑫老死（老死）。空的世界裡完全沒有這些因緣。

'there is no knowledge,no ignorance,no destruction of knowledge,no destruction of ignorance'

觀自在菩薩、
行深般若波羅蜜多時、
照見五蘊皆空、
度一切苦厄。
舍利子、
色不異空、空不異色、
色即是空、空即是色。
受想行識、亦復如是。
舍利子、
是諸法空相、
不生不滅、
不垢不淨、
不增不減。
是故空中、
無色無受想行識、
無眼耳鼻舌身意、
無色身香味觸法、
無眼界乃至無意識界。
無無明、亦無無明盡、
乃至無老死、亦無老死盡、
無苦集滅道。
無智亦無得。
以無所得故。

明天有會議，今晚失眠。是什麼讓你失眠?你會認為是明天的會議，但這應該是遠因，請找找更直接的原因，答案是擔心。因為擔心使得身體產生變化，事實上是你的身體讓你失眠，如果你沒有意識到這件事，就無法擺脫失眠之苦。

大部分的人向外尋找讓自己煩惱的原因，完全忽略了自己的身體才是最直接的原因。佛陀說：「這就是苦，這就是苦的原因。」力勸眾生自我觀察，主要是觀察自己的身體的變化。

人無法控制無意識的事情，只有透過意識才能夠找出苦的原因，達到滅苦的目的。這就是佛陀在四諦中所言，「這就是

菩提薩埵、
依般若波羅蜜多故、
心無罣礙。
無罣礙故、
無有恐怖、
遠離一切顛倒夢想、
究竟涅槃。
三世諸佛、
依般若波羅蜜多故、
得阿耨多羅三藐三菩提。
故知般若波羅蜜多、
是大神咒、是大明咒、
是無上咒、是無等等咒。
能除一切苦、
真實不虛。
故說般若波羅蜜多咒。
即說咒曰、
羯諦、羯諦、
波羅羯諦、
波羅僧羯諦、
菩提娑婆訶。
般若心經。

苦的滅絕，這就是苦的滅絕之道」，有關於苦的第三、第四項真理。

狹義的佛教是苦的滅絕之道，這裡的「道」不是指一般的道德，是所謂的「方法」。

人們會迷惑、痛苦，多半是自己想做這個做那個，而又不能如願以償所導致的。如果當您感到苦惱時，就想到「苦惱的原因就是因為慾望大」，這樣是最好不過的，如此便能越過那煩惱苦悶，如同玩遊戲、運動一般的快樂。

簡易養生運動13

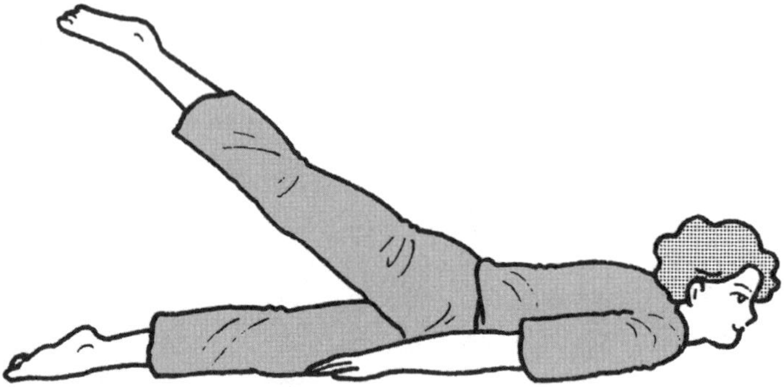

1、俯臥地面。
2、下顎貼在地面。
3、雙手手掌放置大腿下。
4、吐氣的同時右腳伸直慢慢向上抬起，保持靜止姿勢，吸氣5～10秒。
5、吐氣的同時腳慢慢放下。意識集中在身體的動作與呼吸一致。
6、回復原狀，意識放在輕鬆的感覺。

簡易養生運動14

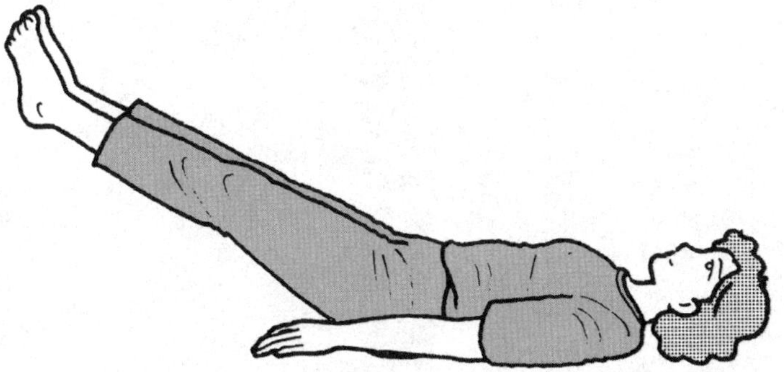

1、仰躺。
2、縮下顎。
3、吐氣的同時雙腳併攏上舉，意識放在呼吸與身體的動作一致。
4、到達極限位置屏息，保持頭部不動、眼看腳尖的姿勢5～10秒。中間正常呼吸。
5、吐氣的同時，雙腳慢慢地放下。回復原狀，意識放在輕鬆的感覺。

乃至無老死亦無老死盡

●乃至，中間省略的意思。從無名到老死的十二因緣中，此處省略十個階段。代表空的世界裡也沒有十二緣起。

●對佛教不太熟悉的人可能不了解這一部分，但依循心經的文脈閱讀，不用太拘泥於這個環節，只要領悟空的世界裡什麼也不存在即可。再繼續往前推，既無智慧、也無得失，既然什麼都不存在，所以也沒有必要在文字上多做詮釋。不妨每日花一些時間冥想，找回真正的自我。

till we come to'there is no decay and death,

no destruction of decay and death'

觀自在菩薩、
行深般若波羅蜜多時、
照見五蘊皆空、
度一切苦厄。
舍利子、
色不異空、空不異色、
色即是空、空即是色。
受想行識、亦復如是。
舍利子、
是諸法空相、
不生不滅、
不垢不淨、
不增不減。
是故空中、
無色無受想行識、
無眼耳鼻舌身意、
無色身香味觸法、
無眼界乃至無意識界。
無無明、亦無無明盡、
乃至無老死、亦無老死盡、
無苦集滅道。
無智亦無得。
以無所得故。

人的一生中，明天會發生什麼事情誰也不知道，所以，常會感到有些不安。其根本原因是任何人都有慾望。「知足常足，終身不辱。知止常止，終身不恥。」是非和得失，要到最後的結果，才能評定。

即使因為明天的會議而不安，也無法讓會議停止。好比有學生因為擔心明天的考試，想放把火把學校給燒了，這是本末倒置的做法（但真的有這樣的例子）。

只有你自己有本事消除你的「擔心」。口頭上說起來簡單，但就是因為擔心不是這麼容易被消滅，所以煩惱才會一直持續，因為你不太了解自己的擔心，所以無法消滅擔心。

菩提薩埵、
依般若波羅蜜多故、
心無罣礙。
無罣礙故、
無有恐怖、
遠離一切顛倒夢想、
究竟涅槃。
三世諸佛、
依般若波羅蜜多故、
得阿耨多羅三藐三菩提。
故知般若波羅蜜多、
是大神咒、是大明咒、
是無上咒、是無等等咒。
能除一切苦、
真實不虛。
故說般若波羅蜜多咒。
即說咒曰、
羯諦、羯諦、
波羅羯諦、
波羅僧羯諦、
菩提娑婆訶。
般若心經。

姑且不論我們每天擔心這擔心那的，很多人連擔心是什麼都不太清楚，從來沒有人教導我們，書本上也沒有提及。

擔心是一種精神現象，卻不僅只屬於精神現象，也是身體的現象。意識到這個層面，就可以藉由身體的作用，採取直接的方法滅除擔心。

說來可笑，人們拼命努力消除身體的贅肉，卻幾乎不花力氣滅除身體的苦。本書就是滅除痛苦的指南。

不論怎樣地誦唸般若心經，痛苦也決不會消失。但是，隨著讀般若心經，一直去克服痛苦，不知不覺之中，就會變得快樂起來。

無苦集滅道

●苦集滅道是佛陀教義的根本，「關於苦的四種真理」（四諦）。

●苦，苦是存在的。

●集，苦是有原因的。

●滅，苦是可以滅除的。

●道，滅苦是有方法的。

苦來自於「不能如己所願」。眾生最根本的問題在於如何解脫痛苦，因此佛陀成道之後，決意用證悟的四項真理教化眾生，協助解決這個問題。苦是有原因的、原因是可以滅除的、滅除原因是有方法的，這些看起來沒什麼特別，卻是革命性的領悟。有系統的滅苦論述，至今無出其右者。

●心經說在「空」的世界裡，也完全沒有佛陀所謂的苦集滅道。

No more,or its formation,or its suppression

or the way thereto

觀自在菩薩、
行深般若波羅蜜多時、
照見五蘊皆空、
度一切苦厄。
舍利子、
色不異空、空不異色、
色即是空、空即是色。
受想行識、亦復如是。
舍利子、
是諸法空相、
不生不滅、
不垢不淨、
不增不減。
是故空中、
無色無受想行識、
無眼耳鼻舌身意、
無色身香味觸法、
無眼界乃至無意識界。
無無明、亦無無明盡、
乃至無老死、亦無老死盡、
無苦集滅道。
無智亦無得。
以無所得故。

說到推動身體作用，有人認為是一種對症療法，的確，某方面是對症療法，但不全然如此。經常意識自己的身體，注意身體的感覺，有可能開啟嶄新的生活方式。我們經常說凡事保持平常心，就身體而言，就是生理系統隨時保持穩定性，調整身體狀況不但是對症療法，也是根本療法。

當然，最重要的還是改變自己，成為不在意明天會議的人，換句話說，「即使思考明天會議相關事情，也不要讓身體發生生理的變化」。

有人不認同自己的「擔心」和身體的問題有關，這是太不瞭解自己的身體所造

菩提薩埵、
依般若波羅蜜多故、
心無罣礙。
無罣礙故、
無有恐怖、
遠離一切顛倒夢想、
究竟涅槃。
三世諸佛、
依般若波羅蜜多故、
得阿耨多羅三藐三菩提。
故知般若波羅蜜多、
是大神咒、是大明咒、
是無上咒、是無等等咒。
能除一切苦、
真實不虛。
故說般若波羅蜜多咒。
即說咒曰、
羯諦、羯諦、
波羅羯諦、
波羅僧羯諦、
菩提娑婆訶。
般若心經。

成的偏見，連自己的身體都不太了解了，更何況是注意到它所發出的訊號，這也可以說是緊張壓力的根源。

人們有偏見是不行的，不管做什麼、說什麼，我們總是考慮對自己有利的，絕不會想讓自己吃虧，這就是偏見。

人的一生，是一連串的一天，老是想著一生，就會覺得太過漫長，想到只有一天，那事情就變得容易多了。但不能抱持著「只有忍耐一天」的想法來努力，完全取決於自己本身，而此想法將左右你一生的幸與不幸。

無智亦無得

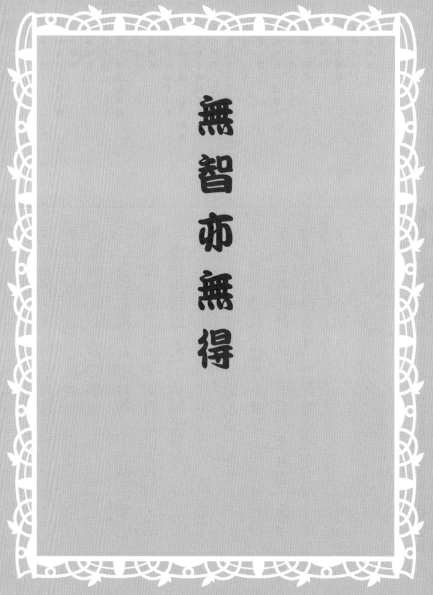

●智是（為了得到了悟的）智慧。

●得是得到（了悟）。

●「無」的矛頭最後指向的了悟，既無得到了悟的智慧，也無得到了悟。否定了無明到了悟的整個過程，也否定了無明與了悟相對的思考法。

no gnosis or possession

觀自在菩薩、
行深般若波羅蜜多時、
照見五蘊皆空、
度一切苦厄。
舍利子、
色不異空、空不異色、
色即是空、空即是色。
受想行識、亦復如是。
舍利子、
是諸法空相、
不生不滅、
不垢不淨、
不增不減。
是故空中、
無色無受想行識、
無眼耳鼻舌身意、
無色身香味觸法、
無眼界乃至無意識界。
無無明、亦無無明盡、
乃至無老死、亦無老死盡、
無苦集滅道。
無智亦無得。
以無所得故。

了解我們在擔心、不安的時候身體發生的變化是非常重要的。這時候身體會發生以下的變化。

1、心跳加速、血壓上升。
2、呼吸淺、速度快。
3、流向腦部和主要肌肉的血流量增加。
4、肌肉緊張。
5、流向末梢的血流量減少。
6、出汗作用活潑化。
7、血液中腎上腺素加速分泌。
8、肝臟釋出糖分在血液中。

滅除擔心就是不讓身體產生這些反應，就算你認為只是想一下而已，但只要

菩提薩埵、
依般若波羅蜜多故、
心無罣礙。
無罣礙故、
無有恐怖、
遠離一切顛倒夢想、
究竟涅槃。
三世諸佛、
依般若波羅蜜多故、
得阿耨多羅三藐三菩提。
故知般若波羅蜜多、
是大神咒、是大明咒、
是無上咒、是無等等咒。
能除一切苦、
真實不虛。
故說般若波羅蜜多咒。
即說咒曰、
羯諦、羯諦、
波羅羯諦、
波羅僧羯諦、
菩提娑婆訶。
般若心經。

身體出現上述的變化，你內心的擔心就沒有真正的滅除。

最近研究報告顯示，「擔心」也會對免疫系統造成很大的影響。實際測量人體唾液中的免疫球蛋白，發現處於緊張壓力的狀態下，其分泌量減少，這代表免疫機能降低，容易生病。所以人在焦慮不安、擔心害怕的狀態下比較容易生病。

呂新吾云：「心平氣和四字，非有涵養者不能做，工夫只在個定火。」我們不要常常覺得自己很委曲，你應該想，他對我這樣已經很好了，這就是修行的功夫。

害怕某人、無法表現自然行為時

❶寫出你害怕的人物的身高、體重、外貌、能力、與自己的關係，一項一項確認，找出害怕的原因。

❷掌握大致的原因後，想像自己和對方可能發生的最糟糕情況。

❸具體思考一旦發生最糟糕的情況時，自己如何應付。

❹預測自己這樣應付的結果，會造成什麼損失或遭受什麼傷害。

❺分析這個人會對自己做出什麼樣的事情?檢討對方做這件事情的必然性。

❻如果這個人會抹剎你在社會上的成就，甚至奪取你的性命，則你的恐懼就有正當性，只好自然的接納自己的恐懼感。

❼如果不是什麼大不了的人物，就仔細探究自己害怕對方的原因。

※用平常心來生活，用慚愧心來待人，用自覺心來處事，用菩提心契佛心。

以無所得故

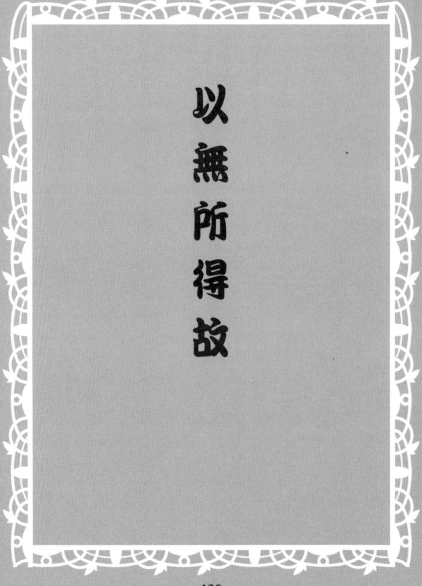

●所得是指「得到的一切」。因為一切皆無所得的緣故，所以前面論述的外在諸法均無實性、皆為空相。

●人因為執著於「得」，所以拘泥於俗事。因此，拘泥於財產、學問、意識形態，而緊緊抱持的東西，便稱為「所得」。

since there is nothing to be possessed

觀自在菩薩、
行深般若波羅蜜多時、
照見五蘊皆空、
度一切苦厄。
舍利子、
色不異空、空不異色、
色即是空、空即是色。
受想行識、亦復如是。
舍利子、
是諸法空相、
不生不滅、
不垢不淨、
不增不減。
是故空中、
無色無受想行識、
無眼耳鼻舌身意、
無色身香味觸法、
無眼界乃至無意識界。
無無明、亦無無明盡、
乃至無老死、亦無老死盡、
無苦集滅道。
無智亦無得。
以無所得故。

每個人都被自己創造出來的行為模式束縛住，或多或少都有無法活在當下的狀況，精神疾病患者就是這種狀況以極大化的型態表現出來的例子。

他們與健康人差在量的不同，而非質的差異，想想我們感覺不安時，就能夠體會他們的症狀。

精神分析指出，患者心中執著於過去的體驗，一直將自己封閉在過去的時間，對於現在發生的事，也以重現過去發生的事來反應。實際上，患者的身體和心靈都禁錮於過去的世界裡。

弗洛依德的弟子萊希是精神科醫生，他採取的治療方法是請患者平躺，教他們

菩提薩埵、
依般若波羅蜜多故、
心無罣礙。
無罣礙故、
無有恐怖、
遠離一切顛倒夢想、
究竟涅槃。
三世諸佛、
依般若波羅蜜多故、
得阿耨多羅三藐三菩提。
故知般若波羅蜜多、
是大神咒、是大明咒、
是無上咒、是無等等咒。
能除一切苦、
真實不虛。
故說般若波羅蜜多咒。
即說咒曰、
羯諦、羯諦、
波羅羯諦、
波羅僧羯諦、
菩提娑婆訶。
般若心經。

用腹式呼吸。

毫無例外的，精神疾病患者的胸部肌肉極度緊張，呼吸淺而快，因此首先應該先調整其呼吸狀態。

有研究指出，在進行腹式呼吸時，體溫會升高，容易排汗，這就是經由腹式呼吸的運動效果，燃燒脂肪的證據。

以太極拳、氣功等而言，腹式呼吸法可以完成高效率的氧氣和二氧化碳交換，促進血液活絡，進而活化細胞，長期習練，可使人容顏光澤、肌膚結實，身體也變得輕盈。

●「一旦命盡，財不隨身。」不要執著於自己的財富，其實財寶是生不帶來，死不帶去的。

●生活中如果不務正業地貪圖功利，最終就會誤入邪途，後悔莫及。

●能捨，便能得安樂、得自在。

第五章

不要執著於了悟

只要人一味的想追求了悟的時候，
就是還陷於迷惘當中。
不拘泥於了悟，才能往了悟之道邁進。
不執著於了悟，才是真正的了悟。

——楞伽經

菩提薩埵

依般若波羅蜜多故

●菩提薩埵是梵文，菩薩的意思。菩薩是指求道者。

●所謂的菩提是「悟」的意思，薩埵是「人」的意思，因此，所謂的菩提薩埵，便是「悟道之人」的意思。平常以菩薩的暱稱來稱呼。

the bodhisattva mohasâttva, by depending on the perfect wisdom

觀自在菩薩、
行深般若波羅蜜多時、
照見五蘊皆空、
度一切苦厄。
舍利子、
色不異空、空不異色、
色即是空、空即是色。
受想行識、亦復如是。
舍利子、
是諸法空相、
不生不滅、
不垢不淨、
不增不減。
是故空中、
無色無受想行識、
無眼耳鼻舌身意、
無色身香味觸法、
無眼界乃至無意識界。
無無明、亦無無明盡、
乃至無老死、亦無老死盡、
無苦集滅道。
無智亦無得。
以無所得故。

當我們不安、膽怯的時候，呼吸淺而快。

相反的，放鬆的時候，呼吸深且慢。呼吸快代表身體進入警戒狀態，準備採取行動應戰或逃走。

萊希發現，精神病患者一直處在一般人進入警戒狀態才會產生的生理反應當中，他們的肌肉有如冑甲一般僵硬，這代表他們的身體因為內心不安所出現的防衛機制已經日常化。

身心互相影響，導致惡性循環，內心也因為身體發出的警訊，一直呈現緊張狀態，最後完全無法反應「現在、這裡」。

總而言之，精神病是身心對於不安的

菩提薩埵、
依般若波羅蜜多故、
心無罣礙。
無罣礙故、
無有恐怖、
遠離一切顛倒夢想、
究竟涅槃。
三世諸佛、
依般若波羅蜜多故、
得阿耨多羅三藐三菩提。
故知般若波羅蜜多、
是大神咒、是大明咒、
是無上咒、是無等等咒。
能除一切苦、
真實不虛。
故說般若波羅蜜多咒。
即說咒曰、
羯諦、羯諦、
波羅羯諦、
波羅僧羯諦、
菩提娑婆訶。
般若心經。

狀態，產生肌肉緊張的反應，而且這種反應模式已經日常化。所以，雖然稱為精神病，但實際上是身體緊張所造成的疾病。

※　※

菩薩的行動全部是般若波羅蜜多行。當修行時，菩薩守著「四重禁戒」。

1.不信捨棄正教，而違背道理的邪教。

2.不能捨棄大菩提心和小菩提心。

3.對那些認真求法的人，不惜辛勞地教導他們。

4.對全部的人，不可採取不利於對方的行動。

心無罣礙

●罣礙的罣是網罩（障礙），礙是阻礙的意思。

●所謂的「心無罣礙」，就是秉持著「如浩瀚天空的開闊，汪洋大海般深的心」。這種心情是由持續的菩薩行動所產生的。

(the bodhisattva mahasâttva)has thought free of entrapment or obstacle

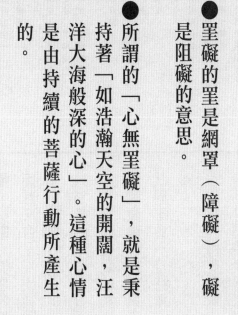

觀自在菩薩、
行深般若波羅蜜多時、
照見五蘊皆空、
度一切苦厄。
舍利子、
色不異空、空不異色、
色即是空、空即是色。
受想行識、亦復如是。
舍利子、
是諸法空相、
不生不滅、
不垢不淨、
不增不減。
是故空中、
無色無受想行識、
無眼耳鼻舌身意、
無色身香味觸法、
無眼界乃至無意識界。
無無明、亦無無明盡、
乃至無老死、亦無老死盡、
無苦集滅道。
無智亦無得。
以無所得故。

一般人日常感覺到的不安、警戒、畏懼、抑鬱、憤怒等壓力，對於精神病患者而言，會呈現出極限的狀態。

精神病患者和普通人的質並無差異，只是量的不同。普通人因為焦慮過去、擔心未來而失眠的狀態，可以說是罹患暫時性輕微精神病，只不過一般健康者的這種狀態不會一直持續，身心會很快的恢復放鬆。

求助精神科醫生的患者，大致上對於自己身體的異常緊張狀態毫無「意識」，即使感覺精神有些變調，也完全不了解身體發出的警訊。

回想當我們鑽進死胡同裡的時候，會

菩提薩埵、
依般若波羅蜜多故、
心無罣礙。
無罣礙故、
無有恐怖、
遠離一切顛倒夢想、
究竟涅槃。
三世諸佛、
依般若波羅蜜多故、
得阿耨多羅三藐三菩提。
故知般若波羅蜜多、
是大神咒、是大明咒、
是無上咒、是無等等咒。
能除一切苦、
真實不虛。
故說般若波羅蜜多咒。
即說咒曰、
羯諦、羯諦、
波羅羯諦、
波羅僧羯諦、
菩提娑婆訶。
般若心經。

有幾乎喘不過氣的感覺。只要認真審視自己的身體，就會留意到，每當陷入沉思或擔心某件事情的時候、憤怒的時候，會出現呼吸極淺、不順的現象。

問題出在「無意識」，只要意識到這種現象，藉由腹式呼吸便能夠緩和身體和心理的緊張。

忍與讓，足以消無窮之災悔。古人有言：「終身讓路，不失尺寸。」修己以清心為要，涉世以慎言為先。凡事能站在別人的角度為他人著想，這就是慈悲。

簡易養生運動15

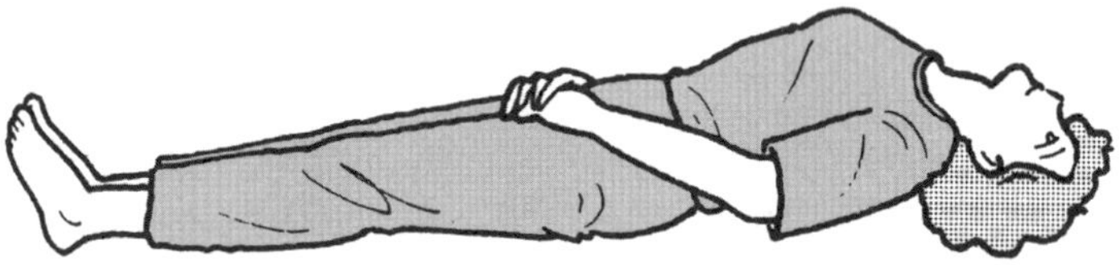

1、仰臥平躺。
2、雙手置於大腿股溝處。
3、吐氣的同時頭向後仰，上半身向上抬起、頭頂與腰際呈橋式。
4、維持橋式姿勢，慢慢呼吸。
5、吐氣的同時身體恢復原狀，意識集中在身體放鬆的感覺。

簡易養生運動16

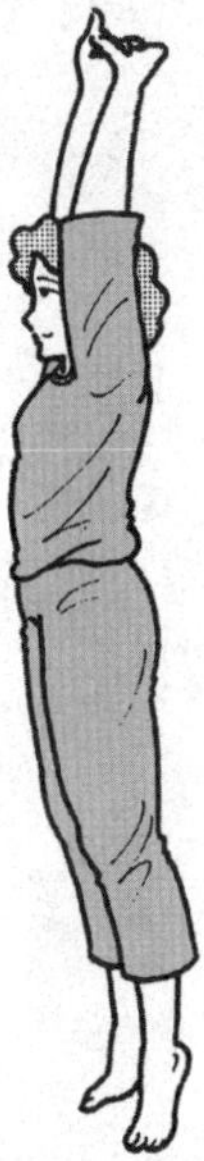

1、站立、雙腳分開15公分。
2、目視正前方。
3、雙手手掌交疊，邊吐氣邊向頭上伸展，意識放在呼吸與身體動作一致。
4、手掌朝上、頭向上看手掌。
5、像身體被吊起來的形狀，墊腳跟、伸展全身。
6、吸氣、維持姿勢1、2秒。
7、吐氣的同時雙手和腳後跟慢慢放下，意識放在輕鬆的感覺。

無罣礙故

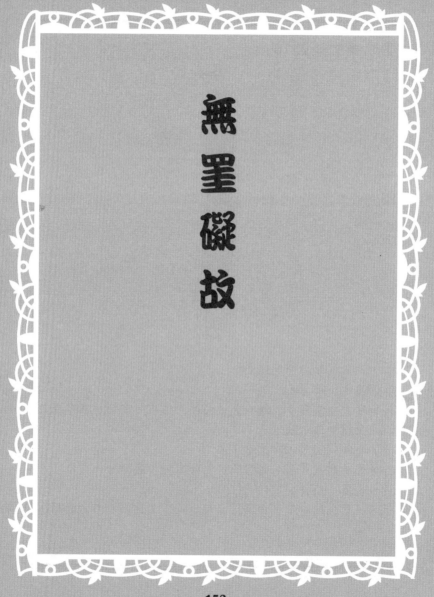

● 所有會覺得恐怖的事情，無一不是由「罣礙」牽扯出。

● 「故」，把它當成單字來解釋，叫做什麼？「真常之理」，真正的常就是真常，不會變的，人家講過，很多事情達到「故」的時候，就是「因為、所以、以致於」，這叫做「故」。

Since he has no entrapments or obstacles

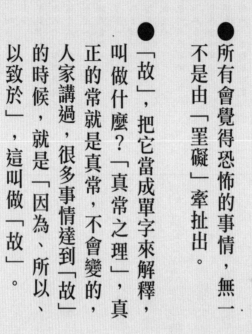

觀自在菩薩、
行深般若波羅蜜多時、
照見五蘊皆空、
度一切苦厄。
舍利子、
色不異空、空不異色、
色即是空、空即是色。
受想行識、亦復如是。
舍利子、
是諸法空相、
不生不滅、
不垢不淨、
不增不減。
是故空中、
無色無受想行識、
無眼耳鼻舌身意、
無色身香味觸法、
無眼界乃至無意識界。
無無明、亦無無明盡、
乃至無老死、亦無老死盡、
無苦集滅道。
無智亦無得。
以無所得故。

萊希的弟子亞歷山大・羅文承師之志，開發生體能量療法，貫徹心靈問題與身體問題不可分的立場，這是一種透過身體治療心靈的療法，基本關鍵在於讓患者本身「意識」到自己的身體是多麼的緊張。

無論萊希或羅文，都不約而同的發揚佛陀的教義。佛教稱為禪定的訓練法，就相當於是佛陀開發的八種訓練法當中的「定」，一般人認為是精神集中，實際上是身體與精神集中的訓練。

藉由注意力集中在專心呼吸，「意識」到自己活在「現在、這裡」，使身體和意識合一，進入一切行動停止的冥想狀

菩提薩埵、
依般若波羅蜜多故、
心無罣礙。
無罣礙故、
無有恐怖、
遠離一切顛倒夢想、
究竟涅槃。
三世諸佛、
依般若波羅蜜多故、
得阿耨多羅三藐三菩提。
故知般若波羅蜜多、
是大神咒、是大明咒、
是無上咒、是無等等咒。
能除一切苦、
真實不虛。
故說般若波羅蜜多咒。
即說咒曰、
羯諦、羯諦、
波羅羯諦、
波羅僧羯諦、
菩提娑婆訶。
般若心經。

態，最終完成讓自己的行動模式解體的目標。佛教將心法分為「受、想、行、識」四部分思考，「受」與「想」是知覺、表象作用，「行」是知覺受啟發而開始有條件的運動階段。「冥想」是切斷「受、想」與「行」的連結，藉此瓦解原本完成的身心連結。

秉持著如天空般的心胸，如大海般的慈祥，則能不拘泥於任何事情，也不會產生恐懼之心。

事實上，任何一個人都會有不空的心情，特別是關於死更是極度的感覺不安。因為那是個沒有人見過的未知世界。

無法從深淵解脫時

❶在自己的面前放一張椅子，並擺上坐墊、布偶，設想彼此正在對話。「為什麼陷在裡面無法解脫？」「是因為那件事嗎？」「是因為那個人嗎？」先確認內心的狀態。

❷大致認定之後，自己再確定一次，「原來是被那件事情困擾啊！」

❸確認之後坐到對面的椅子上，回到本來的自己，「對，就是那一件事情，讓我陷入漩渦無法掙脫」，真實地吐露心聲、咆嘯、哭泣、顫抖。

❹自問，「一直深陷如此悲慘的氛圍，事情會有轉機嗎？」

❺如果答案是什麼也不會改變，那就抬起頭、伸直腰，告訴自己「改變心情吧！」

❻播放喜歡的音樂，平躺在家中最舒服的地方，深呼吸、放鬆。吐氣的同時，心中想著那件惱人的事情隨著氣息全部吐出去。接著吸氣，同時想著自己想做的事情、愉快的事情。

❼心情平復之後，自我控制感情往正面方向去。

❽實行重新站起來的第一步（著手安排明天或周末的快樂計畫、致電友人等等）。

無有恐怖

●沒有依戀的事，自然沒有了罣礙，沒有放不下的事，自然不會恐怖。

●觀世音的佛像，都是右掌向外的，稱為「施無畏印」。「施無畏」就是「布施無畏」，也是觀音的代名詞。所以要如同天空中的浮雲一樣，抱持著寬大無拘的心情，如此才能沒有恐怖。

having thus nothing to fear

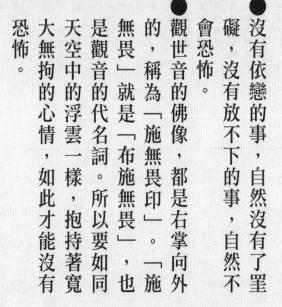

觀自在菩薩、
行深般若波羅蜜多時、
照見五蘊皆空、
度一切苦厄。
舍利子、
色不異空、空不異色、
色即是空、空即是色。
受想行識、亦復如是。
舍利子、
是諸法空相、
不生不滅、
不垢不淨、
不增不減。
是故空中、
無色無受想行識、
無眼耳鼻舌身意、
無色身香味觸法、
無眼界乃至無意識界。
無無明、亦無無明盡、
乃至無老死、亦無老死盡、
無苦集滅道。
無智亦無得。
以無所得故。

心靈能夠藉由身體的放鬆而放鬆，僵硬的身體內，絕對不可能存在放鬆的心靈。對於心靈而言，身體是最貼近的「色」，身體發出的訊息，會對心靈帶來決定性的影響。

「色」指身體與外界的物質世界，對於心靈而言，不論來自何處的訊息，均為「內心以外」的訊息。

人們對於來自身體的訊息的反應，更甚於來自外界的訊息的反應，因此，我們很快就忘了活在「現在、這裡」，進入「眷戀」、「焦慮」的世界。

來自外界的訊息，幾乎都只是誘發身體發出訊息的「符號」。

菩提薩埵、
依般若波羅蜜多故、
心無罣礙。
無罣礙故、
無有恐怖、
遠離一切顛倒夢想、
究竟涅槃。
三世諸佛、
依般若波羅蜜多故、
得阿耨多羅三藐三菩提。
故知般若波羅蜜多、
是大神咒、是大明咒、
是無上咒、是無等等咒。
能除一切苦、
真實不虛。
故說般若波羅蜜多咒。
即說咒曰、
羯諦、羯諦、
波羅羯諦、
波羅僧羯諦、
菩提娑婆訶。
般若心經。

例如，我們看見某人在一旁笑的時候，不會只當作是單純的「笑」，往往立刻解釋為和自己有關係的「是不是嘲笑我」，這是因為「笑」這種外界的行為，幾乎自動的在我們的身體引起某種感情，再連結身體發出訊息，讓我們的內心出現反應。

人生的目標與做人相互結合在一起才有了美好的希望。當我們參加工作，真正走上了社會，才得以耳聞目睹人的全部生活本真。太多的時候不得不讓人為了生存左右逢迎而變得世故、精明圓滑，其實這才是做人在生存中為了適應生活、社會的無奈之舉。

遠離一切顛倒夢想

●對於事情的看法、想法不合道理而倒置稱為「顛倒」。特別是私利私慾，只為滿足自己的慾望，而在考慮事情時，一切判斷都有了錯誤。

●顛倒夢想是懷疑自我是不是實體的虛妄思想。

●在修行中，一旦從自我的慾望中解脫出來時，任何的惡魔也侵入不了，開始「遠離一切顛倒夢想」。

he separates himself from all perverse imaginings and dreamlike notions

觀自在菩薩、
行深般若波羅蜜多時、
照見五蘊皆空、
度一切苦厄。
舍利子、
色不異空、空不異色、
色即是空、空即是色。
受想行識、亦復如是。
舍利子、
是諸法空相、
不生不滅、
不垢不淨、
不增不減。
是故空中、
無色無受想行識、
無眼耳鼻舌身意、
無色身香味觸法、
無眼界乃至無意識界。
無無明、亦無無明盡、
乃至無老死、亦無老死盡、
無苦集滅道。
無智亦無得。
以無所得故。

來自外界的訊息和刺激，全部都經由你的身體進入，如果這個入口熱衷於某種固定的反應，則所有的訊息在進入的時間點就歪斜了。

所謂性格是一個人對於來自外界訊息的反應模式，因此，我們身體的僵硬程度，也可以說是性格的僵硬程度。

有些人認為自己接收到的都是惡意的訊息，那是因為這個人的身體一開始就採取膽怯的姿態應對。

所有的訊息都透過「膽怯的身體」進入，但是他卻反過來認為是來自外界的訊息令自己膽怯。

他一定要清楚地認識，讓他膽怯的是

菩提薩埵、
依般若波羅蜜多故、
心無罣礙。
無罣礙故、
無有恐怖、
遠離一切顛倒夢想、
究竟涅槃。
三世諸佛、
依般若波羅蜜多故、
得阿耨多羅三藐三菩提。
故知般若波羅蜜多、
是大神咒、是大明咒、
是無上咒、是無等等咒。
能除一切苦、
真實不虛。
故說般若波羅蜜多咒。
即說咒曰、
羯諦、羯諦、
波羅羯諦、
波羅僧羯諦、
菩提娑婆訶。
般若心經。

「自己膽怯的身體」，否則根本無法從被外界責難的妄想中解脫。

使身體柔軟的運動不單純只是著眼於身體的問題，僵硬的身體內不可能存在著柔軟的心靈，如同身體無法「自由自在的活動」一樣，心靈也可能無法「自由自在的活動」。

被慾望沖昏的腦袋裡，只有一些無聊的妄想，分不清真實與夢幻，這樣的心理狀態稱為「夢想」。

這些顛倒夢想的人，若想回復正常，則必須修行般若波羅蜜多行中的禪定。

究竟涅槃

● 究竟，就和究極一樣，是歸根究底，達到極限的意思。

● 涅槃，是所有的慾望（煩惱）都滅絕的狀態。涅槃，即是波羅蜜多的意思，無生無死的精神安定境界。持續修行「般若波羅蜜多」的人，不久便會達到涅槃之境，成為菩薩。

achieving complete and final perfect tranquility

觀自在菩薩、
行深般若波羅蜜多時、
照見五蘊皆空、
度一切苦厄。
舍利子、
色不異空、空不異色、
色即是空、空即是色。
受想行識、亦復如是。
舍利子、
是諸法空相、
不生不滅、
不垢不淨、
不增不減。
是故空中、
無色無受想行識、
無眼耳鼻舌身意、
無色身香味觸法、
無眼界乃至無意識界。
無無明、亦無無明盡、
乃至無老死、亦無老死盡、
無苦集滅道。
無智亦無得。
以無所得故。

經營小公司的A先生，最近因為跟隨自己五年的下屬B離開而懊惱。想當初從一張白紙，一點一滴、不厭其煩的教導他，現在他的羽翼飽滿了，說飛就飛，根本就是忘恩負義的傢伙。白天事情忙還不會想到，但每當夜晚躺在床上想到此事，總是輾轉難眠，A先生自認對待屬下仁心寬厚，給的薪水也比其他的公司優渥，沒什麼可受批評之處。

這種例子時有所聞，再聽聽獨當一面的屬下B的說詞，和A正好相反。

實際上做事的人都是我，A老闆什麼也沒做，卻獨享豐厚的利潤，真是太不厚道了，我早就有更好的發展機會，只是念

菩提薩埵、
依般若波羅蜜多故、
心無罣礙。
無罣礙故、
無有恐怖、
遠離一切顛倒夢想、
究竟涅槃。
三世諸佛、
依般若波羅蜜多故、
得阿耨多羅三藐三菩提。
故知般若波羅蜜多、
是大神咒、是大明咒、
是無上咒、是無等等咒。
能除一切苦、
真實不虛。
故說般若波羅蜜多咒。
即說咒曰、
揭諦、揭諦、
波羅揭諦、
波羅僧揭諦、
菩提娑婆訶。
般若心經。

在他對我的提攜之恩，所以一直拖到現在才離開，也算仁盡義至了。

對於同一件事情的認知差距竟然如此大，第三者光聽敘述很難判斷孰是孰非。事實上，站在說話者的立場而言都是對的，相反立場就變成錯誤的了。

先哲云：「覺人之詐，不形於言；受人之侮，不動於色。此中有無窮意味，亦有無限受用。」

生活需要我們不斷地學會做人，但做人有時候卻讓我們在生活中永遠也不懂它，這就要我們一生都要去學做人。

簡易養生運動17

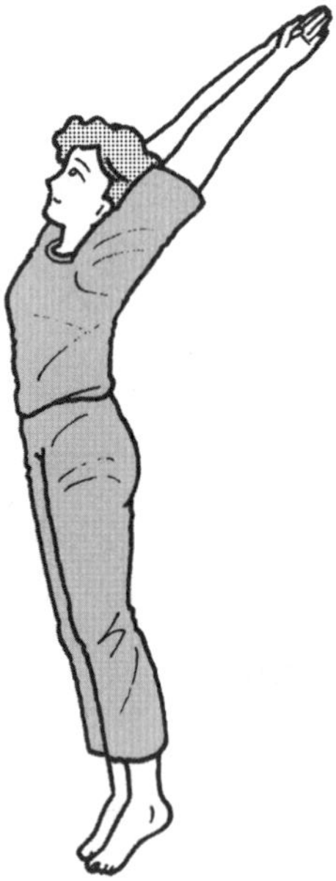

1、雙腳併攏站立。
2、雙手大拇指交叉向上舉起。
3、手臂靠緊頭部兩側。
4、雙膝稍微彎曲，吐氣的同時身體慢慢向後反轉，意識放在呼吸和身體的動作一致。
5、眼睛向後上方看，雙膝伸展，保持姿勢5～10秒。依照正常狀態呼吸。
6、吐氣的同時，身體回復原來的姿勢，意識集中在放鬆的感覺。

簡易養生運動18

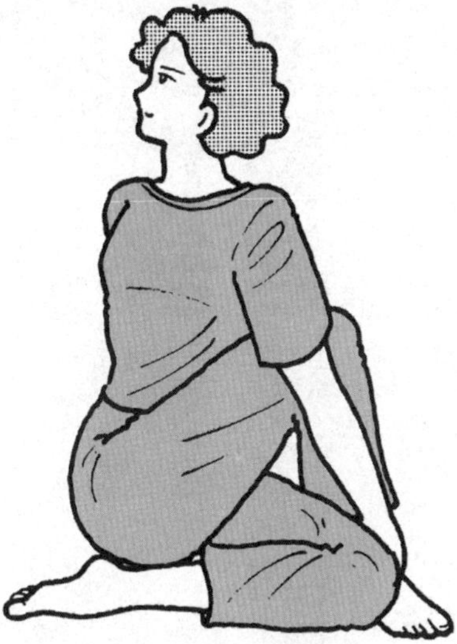

1、雙腳伸直坐下，左腳腳跟貼在右側的臀部，右腳膝蓋直立交叉在左腳上方。
2、左手握住左膝，右手繞向背後，吐氣的同時身體向右側扭轉，臉部朝向正後方，保持姿勢5～10秒。依照正常狀態呼吸。
3、吐氣的同時身體慢慢轉回原狀，意識放在身體開闊的放鬆感。

三世諸佛
依般若波羅蜜多故

●「三世諸佛」就是前世、今世、來世的佛祖。又作一切諸佛、十方佛、三世佛。一般以燃燈佛代表前世諸佛，釋迦牟尼佛代表今世諸佛，彌勒尊佛代表來世諸佛。

●「故」就是一個結晶，祂因為怎樣，得到什麼？

The Buddhas of the three ages,by relying on perfect wisdom

觀自在菩薩、
行深般若波羅蜜多時、
照見五蘊皆空、
度一切苦厄。
舍利子、
色不異空、空不異色、
色即是空、空即是色。
受想行識、亦復如是。
舍利子、
是諸法空相、
不生不滅、
不垢不淨、
不增不減。
是故空中、
無色無受想行識、
無眼耳鼻舌身意、
無色身香味觸法、
無眼界乃至無意識界。
無無明、亦無無明盡、
乃至無老死、亦無老死盡、
無苦集滅道。
無智亦無得。
以無所得故。

事實並非客觀的存在，並非對於任何人而言都是真實，前述老闆與下屬的場合，即使有第三者擔任仲裁的角色，判定任何一方優勝都毫無意義可言。

A先生該如何是好呢?最重要必須先了解，無論怎麼責難B都於事無補，大部分的人會任由事態愈來愈惡化，就像A先生讓失眠的狀況持續一般，不但失去下屬，還讓自己失眠，金錢的損失加上肉體的傷害，真是非常愚笨的行為，這時候一定要覺悟，下決心不再想那件事情。

既然愈想愈氣憤，乾脆不要想了，這樣的思考方式有點偏差。應該發自內心覺悟，既然再怎麼想也無法挽回情勢，又何

菩提薩埵、
依般若波羅蜜多故、
心無罣礙。
無罣礙故、
無有恐怖、
遠離一切顛倒夢想、
究竟涅槃。
三世諸佛、
依般若波羅蜜多故、
得阿耨多羅三藐三菩提。
故知般若波羅蜜多、
是大神咒、是大明咒、
是無上咒、是無等等咒。
能除一切苦、
真實不虛。
故說般若波羅蜜多咒。
即說咒曰、
羯諦、羯諦、
波羅羯諦、
波羅僧羯諦、
菩提娑婆訶。
般若心經。

必讓自己一直被這件事情束縛住呢？

只要內心還在思考此事，憤恨就只會向著內面，根本無法解決事情，即使責難他人，最後受傷的還是自己。

公司的組織、工作稱之為「企業」、「事業」，如果只考慮自己利益的企業，「如果做這工件，只要能使我、我的家人賺錢就好」，這樣的企業壽命一定很短。

只為本身利益而存在的公司，不久一定會倒掉；但能夠對大家有利的公司，壽命一定會長久。

對某人感覺憤怒、憎恨時

❶搬一張椅子放在自己的面前，假想自己憎恨的對象坐在椅子上，說出自己憤怒的理由。

❷仔細確認憤怒的自己。

❸確認憤怒中自己嚴肅的面孔、僵硬的身體、快速的脈搏等。

❹確認完畢，做到對向的椅子上，現在以你憤怒對象的立場和你自己對話。

❺將平日憎恨的事情全部說出來，也想像憎恨對象想說的話。

❻儘量表現出自己憤怒時候的身體反應。

❼試著體會對方的感情，想像對方想說的話。

❽如果注意到對方的言行是可以理解的、自己的反應有點過度，也試著說出口。

❾確認對方的錯，自己也應該負一些責任。

❿如果完全是對方的錯，你的憤怒具有正當性，則朝向解決問題的方向冷靜的對話。

一旦發現自己的反應過度，或者自己也有錯，憤恨的情緒便能逐漸緩和。

得阿耨多羅三藐三菩提

●阿耨多羅三藐三菩提是梵文，「悟得至高無上正道」的意思。我們對於人生所感到苦惱的是，所謂感情的障礙的「煩惱障」，及所謂「智慧的障疑的「所知障」。

have had the superme enlightenment

觀自在菩薩、
行深般若波羅蜜多時、
照見五蘊皆空、
度一切苦厄。
舍利子、
色不異空、空不異色、
色即是空、空即是色。
受想行識、亦復如是。
舍利子、
是諸法空相、
不生不滅、
不垢不淨、
不增不減。
是故空中、
無色無受想行識、
無眼耳鼻舌身意、
無色身香味觸法、
無眼界乃至無意識界。
無無明、亦無無明盡、
乃至無老死、亦無老死盡、
無苦集滅道。
無智亦無得。
以無所得故。

已經發生的事實就接受它吧！不接受怎麼辦呢？將會永遠被這件事情束縛住。前例A先生與原來下屬B的場合，也許A認為B得到太多好處了，但此時B已經不是A的下屬，只不過是個他人而已，這個他人不論得到多少好處，A應該都沒有損失吧！A想強調B是自己的下屬，但那已經是過去的事情，從今以後，B做任何事情都和A無關。

不論執念多麼深的人，當事件經過一段時間後，憤怒和憎恨都會比較緩和，這完全是因為接納的緣故。

所謂接納，是站在自己的立場希望事態如何演變的慾望消失的狀態，能夠客觀

菩提薩埵、
依般若波羅蜜多故、
心無罣礙。
無罣礙故、
無有恐怖、
遠離一切顛倒夢想、
究竟涅槃。
三世諸佛、
依般若波羅蜜多故、
得阿耨多羅三藐三菩提。
故知般若波羅蜜多、
是大神咒、是大明咒、
是無上咒、是無等等咒。
能除一切苦、
真實不虛。
故說般若波羅蜜多咒。
即說咒曰、
揭諦、揭諦、
波羅揭諦、
波羅僧揭諦、
菩提娑婆訶。
般若心經。

的接受現實的狀態。

認清事實、接受事實的狀態才能夠從事態中解脫，也就是死心的意思。這裡的死心指的是清楚、明白，亦即到達「了悟」的境界。

人類的生命是無限延續的，人生並非只有今世，所做所為與前世、來世都有關連，以長遠的眼光來看這浩瀚的宇宙，我們的行為可以說是有相對回報的。

所以，為了達到阿耨多羅三藐三菩提，我們要有佛祖般的「真心」，說佛祖般的「真言」，實行佛祖般的「確實行動」。

處眾處獨，宜韜宜晦，若啞若聾，如痴如醉，埋光埋名，養智養慧，隨動隨靜，忘內忘外。

——翠巖法師

行少欲者，心則坦然，無所憂畏，觸事有餘，當無不足。

——佛遺教經

離貪嫉者能淨心中貪慾雲翳，猶如夜月，眾星圍繞。

——理趣六波羅蜜多經

第六章

了悟之道就在日常生活中

追求了悟，
必須一步一步腳踏實地進行。
無論志向多麼高大，
了悟之道就在日常生活當中。
——四十二章經

故知般若波羅蜜多
是大神咒　是大明咒

●「故知般若波羅蜜多」，觀世音菩薩「為了能悟道而進入涅槃，因此實行六波羅蜜行（布施、持戒、忍辱、精進、禪定、智慧）」的菩薩行。

●咒是咒文，真言、具有靈力之語。般若波羅蜜多是偉大的真言。

●「是大神咒」，就是般若心經的全部語詞，除去以佛說摩訶般若波羅蜜多心經標題的「說」、「心經」，因此被稱為「陀羅尼」。

●「是大明咒」，就是這咒文是以十二緣起的道理為基準來輾轉輪迴，明快地達到菩薩悟道境界的咒文。

Therefore,know this greatly luminous magical charm

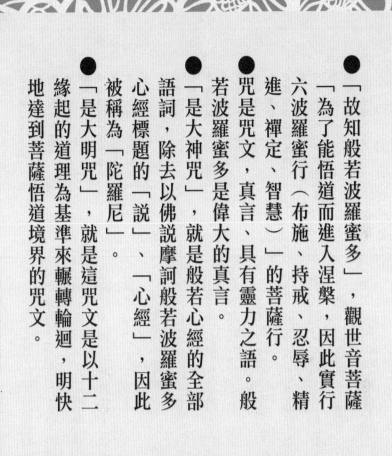

觀自在菩薩、
行深般若波羅蜜多時、
照見五蘊皆空、
度一切苦厄。
舍利子、
色不異空、空不異色、
色即是空、空即是色。
受想行識、亦復如是。
舍利子、
是諸法空相、
不生不滅、
不垢不淨、
不增不減。
是故空中、
無色無受想行識、
無眼耳鼻舌身意、
無色身香味觸法、
無眼界乃至無意識界。
無無明、亦無無明盡、
乃至無老死、亦無老死盡、
無苦集滅道。
無智亦無得。
以無所得故。

死心聽起來好像有一點消極，但實際上是自己的意志清楚地接受事態，明白地斷了念頭，是非常積極的行為。消極、懦弱的人被動地哀怨，幾乎無法體會死心的真義。

接受事實的當下，這件事便在我們的心中了結，不會在我們的潛意識裡蠢動，也就是我們和這件事已經沒有糾葛，畫上完美的句號。

夜晚時刻，我們失眠、不高興，對別人亂發脾氣，這都是因為潛意識傳達了我們和現實沒有達成和解、無法和睦相處的訊息，我們無法接受的現實在潛在意識裡運作，主張它的存在。

菩提薩埵、
依般若波羅蜜多故、
心無罣礙。
無罣礙故、
無有恐怖、
遠離一切顛倒夢想、
究竟涅槃。
三世諸佛、
依般若波羅蜜多故、
得阿耨多羅三藐三菩提。
故知般若波羅蜜多、
是大神咒、是大明咒、
是無上咒、是無等等咒。
能除一切苦、
真實不虛。
故說般若波羅蜜多咒。
即說咒曰、
羯諦、羯諦、
波羅羯諦、
波羅僧羯諦、
菩提娑婆訶。
般若心經。

潛在意識就是身體，我們睡不著是因為身體處於清醒的狀態，意識想睡覺，身體卻不聽命令，出現意識與潛在意識背道而馳的現象，不想辦法讓兩者一致，我們永遠無法獲得安息。

一旦徹悟人的心是由慾望、怒、愚痴等情緒所引起，則無所拘泥，沒有障礙物，則眼界大開，前後左右上下四方皆可自由地看見，如此一來，原本沒有注意到的東西南北方位也注意到了。

為此，我們要有大菩提心或小菩提心（四無量心）的心理架構，且要嚴守四重禁戒。真心吟誦大神咒，能拔除苦痛給與快樂。

簡易養生運動19

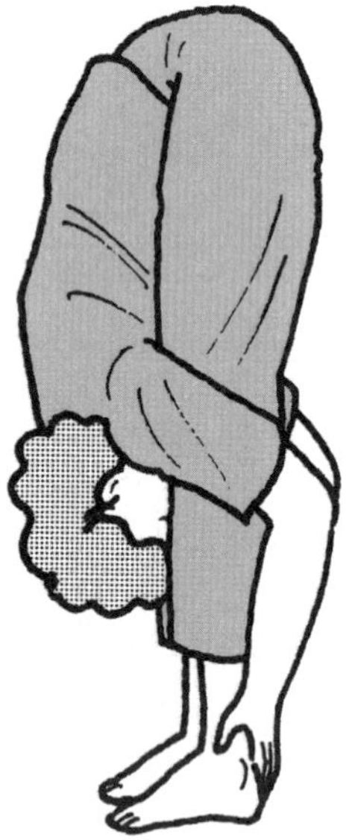

1、雙腳併攏、雙手自然下垂站立。
2、雙手貼住兩耳上舉。
3、配合緩慢的吐氣，身體向前彎下，膝蓋保持直立，雙手握住腳踝，意識集中在呼吸與身體的動作一致。
4、額頭碰觸膝蓋。
5、保持姿勢5～10秒，維持正常呼吸。
6、雙手離開腳踝。保持這個姿勢呈無力狀態，意識集中在放鬆的感覺。

簡易養生運動20

1、俯臥地面。
2、雙手向後伸，握住腳脖子。
3、吐氣的同時上半身、大腿往上抬，離開地面。
4、腹部支撐身體的姿勢維持5～10秒。正常呼吸。
5、手握腳脖子的狀態下，吐氣的同時下顎、胸部、膝蓋慢慢放下。意識集中在呼吸與身體的動作一致。
6、雙手鬆開腳脖子，置於身體兩側，意識集中在全身放鬆的感覺。

是無上咒　是無等等咒

● 「是無上咒」，就是人生是苦，這咒文就是要拔除這些苦痛，抑止個人慾望，為此要實行八正道的菩薩悟道之咒文。

● 「是無等等咒」，就是這個咒文為其它所不能比擬，是非常了不得的咒文。菩薩的慾望與凡人的小慾望不同，佛心、自我的心都是一樣的，大眾的苦就是自己的苦，大眾的苦要一個也不漏地解救他們，這就是秉持很大慾望的菩薩秘藏之咒文。

this unexcelled charm,this charm that is the equal of the unequalled

觀自在菩薩、
行深般若波羅蜜多時、
照見五蘊皆空、
度一切苦厄。
舍利子、
色不異空、空不異色、
色即是空、空即是色。
受想行識、亦復如是。
舍利子、
是諸法空相、
不生不滅、
不垢不淨、
不增不減。
是故空中、
無色無受想行識、
無眼耳鼻舌身意、
無色身香味觸法、
無眼界乃至無意識界。
無無明、亦無無明盡、
乃至無老死、亦無老死盡、
無苦集滅道。
無智亦無得。
以無所得故。

我們對於完全不相干的人的作為通常毫無期待，舉個極端的例子，你在路上隨便向一個人借錢，肯定會被拒絕，但是你不會因此痛苦，因為你對他沒有任何期待。假使向以前幫忙過的朋友借錢被拒，我們可能就會生氣了，大罵對方不知感恩、不夠朋友等等，讓自己陷入苦惱的狀態。從這兩個例子很清楚可以了解痛苦發生的原因。

兩種情況不同之處在於我們事先預想的狀態，毫無期待時，即使沒有我們也不感覺痛苦，一旦事先預想，卻事與願違，便產生了痛苦。骨肉手足爭奪遺產就是因為每一個人的期待過高，都冀望如願以

菩提薩埵、
依般若波羅蜜多故、
心無罣礙。
無罣礙故、
無有恐怖、
遠離一切顛倒夢想、
究竟涅槃。
三世諸佛、
依般若波羅蜜多故、
得阿耨多羅三藐三菩提。
故知般若波羅蜜多、
是大神咒、是大明咒、
是無上咒、是無等等咒。
能除一切苦、
真實不虛。
故說般若波羅蜜多咒。
即說咒曰、
羯諦、羯諦、
波羅羯諦、
波羅僧羯諦、
菩提娑婆訶。
般若心經。

償。如果一開始就不期待自己有所得，則不論多少都不會產生不滿；然而，還不知道能不能拿到就先用心計算，一旦出現結果不如自己的期待，更極端的甚至發生自相殘殺事件。

梵網經說：「應代一切眾生受加毀辱，惡事向自己，好事與他人。」就是要我們一切過錯自己承當，好事讓與別人，可以消除我們無始劫以來的貪瞋罪業。

然而這與世間人恰好相反，如非真正覺悟，很難做到，一定要在日常生活中鍛鍊。

想改變自己的生活時

❶平躺、閉目、全身放鬆、深呼吸數次。吐氣的同時，想著自己不喜歡的生活方式、不順心的事情。反覆數次後，會感覺過去的自己就像被清洗過一般。

接著吸氣，腦海描繪出自己期望的生活景象，充分吸氣、吸入新鮮的生命能量。

❷感覺神清氣爽的時候就睜開眼睛，感受嶄新的自己，下定決心過全新的生活。

❸一天至少二次閉目放鬆，自問現在做自己想做的事情嗎？內心滿足嗎？

❹順著自己本來的心去過生活。

○不要孜孜不倦的工作，隨意逛逛街、睡個回籠覺都可以，不要因為偷懶而有罪惡感，也不要害怕被他人批評不負責任。

○不想參加冗長無意義的聚會，就早一點離開，別太在意他人的想法。

○有興趣的事情立刻著手進行，不去管能力、年齡、他人的眼光，夢想和快樂才是生命能量的根本。

○想做什麼工作就立刻去做，不用非得等到累積多少經驗才要開始，自己的企圖心才是最重要的條件。

❺堅信朝著自己自然能量的方向前進、工作，才是通往理想生活的唯一道路。

能除一切苦

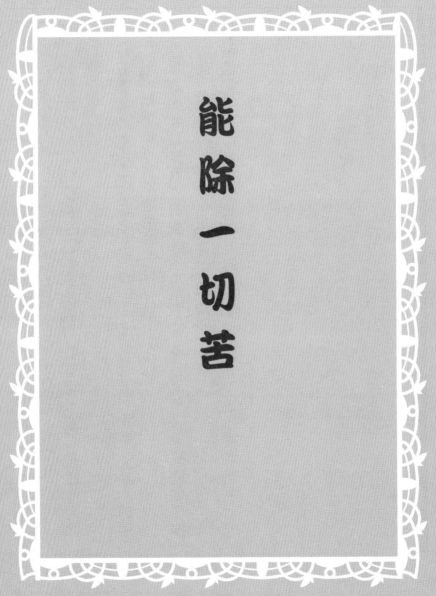

● 「能除一切苦」，這是用真言為比喻，意即可知般若波羅蜜多實在太好了，它就好比是大神咒，是大明咒，是無上咒，是其他咒所比不上的，它能使眾生除去一切苦難，這是真的，一點也不假。

● 將此咒文從心底真心吟誦，不可思議的，苦痛將被消除了。

that can remove all woes

觀自在菩薩、
行深般若波羅蜜多時、
照見五蘊皆空、
度一切苦厄。
舍利子、
色不異空、空不異色、
色即是空、空即是色。
受想行識、亦復如是。
舍利子、
是諸法空相、
不生不滅、
不垢不淨、
不增不減。
是故空中、
無色無受想行識、
無眼耳鼻舌身意、
無色身香味觸法、
無眼界乃至無意識界。
無無明、亦無無明盡、
乃至無老死、亦無老死盡、
無苦集滅道。
無智亦無得。
以無所得故。

前面有關遺產繼承的例子，刻畫出佛教所稱危害眾生善心最根本的三種煩惱，貪、瞋、癡，也稱為三毒，這三毒的根本都是希望凡事如己所願的慾望。

貪慾是執著於自己欲求之物的貪心；瞋是憤怒，對於與自己心意相違的事情產生憤怒之心；癡是愚鈍的心。關於遺產繼承問題，首先從希望遺產的分配如己所願的貪慾開始，一旦遺產分配與自己的心意相違，便產生了瞋怒之心，最後到達自相殘殺的愚痴階段。這一切的根源都是執著於自己欲求之物，希望事情如自己所願的迷妄造成的。

佛陀說，連自己都不見得能合己意了，何況是別人。

菩提薩埵、
依般若波羅蜜多故、
心無罣礙。
無罣礙故、
無有恐怖、
遠離一切顛倒夢想、
究竟涅槃。
三世諸佛、
依般若波羅蜜多故、
得阿耨多羅三藐三菩提。
故知般若波羅蜜多、
是大神咒、是大明咒、
是無上咒、是無等等咒。
能除一切苦、
真實不虛。
故說般若波羅蜜多咒。
即說咒曰、
揭諦、揭諦、
波羅揭諦、
波羅僧揭諦、
菩提娑婆訶。
般若心經。

自我本來就是空，無實體，但感情受到無實體的物質世界的驅動，一直持續一場沒有真正勝利者的戰爭，佛陀不斷的教導人們要覺醒，首先要做的就是意識到自己的這種狀態。

蓮池大師說：「放開懷抱，看破世間，宛如一場戲劇，何有真實。」即是世間事不容易看破，但是，看戲就容易體會是假的。人生又如夢境，夢醒之後，想想夢裡的境界均非真實。

佛在經中常勸我們不要造惡，他說：「萬般將不去，唯有業隨身。」在世間吃虧上當，還是歡歡喜喜的接受，因為知道全是假的。如此行之，自然不受外面境界的影響。

真實不虛

●「真實不虛」，真切實在，毫不虛妄。

●每次吟誦就能用真言的力量來洗淨心靈，這是千真萬確的事情。帶有真心的言詞就是「真言」，只是嘴上說說而不真心就是「妄語」，說妄語自然會自討苦吃。

that is real,not vain

觀自在菩薩、
行深般若波羅蜜多時、
照見五蘊皆空、
度一切苦厄。
舍利子、
色不異空、空不異色、
色即是空、空即是色。
受想行識、亦復如是。
舍利子、
是諸法空相、
不生不滅、
不垢不淨、
不增不減。
是故空中、
無色無受想行識、
無眼耳鼻舌身意、
無色身香味觸法、
無眼界乃至無意識界。
無無明、亦無無明盡、
乃至無老死、亦無老死盡、
無苦集滅道。
無智亦無得。
以無所得故。

人際關係也一樣，一切都向外界（他人）追求，期待來自外界的愛情，一旦現實不合乎自己的期待，便心生不滿，感到失望、生氣。

歸根究底，自他關係就像一面鏡子，反應出自己對自己的愛情與憎恨關係。

不相信自己的人，不會獲得他人的信賴；不愛自己的人，得不到他人真心的愛情；憎恨自己的人，也必定令人憎恨。

因為受到他人的憎恨、傷害，所以我也憎恨、傷害對方，困在這種想法裡，永遠無法脫離苦的世界。

我們總是存有被害意識，認為這個世界因為有可恨的壞人、做錯事的壞人、討

菩提薩埵、
依般若波羅蜜多故、
心無罣礙。
無罣礙故、
無有恐怖、
遠離一切顛倒夢想、
究竟涅槃。
三世諸佛、
依般若波羅蜜多故、
得阿耨多羅三藐三菩提。
故知般若波羅蜜多、
是大神咒、是大明咒、
是無上咒、是無等等咒。
能除一切苦、
真實不虛。
故說般若波羅蜜多咒。
即說咒曰、
羯諦、羯諦、
波羅羯諦、
波羅僧羯諦、
菩提娑婆訶。
般若心經。

人厭的傢伙，所以才讓自己活在痛苦的深淵，只要這些人繼續存在這個世界，世界上的痛苦就無法滅絕。

這種念頭持續推進，變成什麼事情都是別人的錯，為了消滅傷害自己的人，便希望對方失敗、死亡。以民族、國家為單位，就無限上綱成肅清式的屠殺和消滅對方的戰爭。希特勒和史達林都是屬於這種「無明」的人。

《有部律》中說：「名譽及利養，愚人所愛樂，能損害善法，如劍斬人頭。」自古以來世間人為了名利，不擇手段，不怕因果，造了許多罪惡，此迷惑顛倒之人所喜愛，真正覺悟的人不要。

無法原諒他人的缺點時

❶寫出自己無法原諒的人的優缺點。

❷寫出自己對對方的要求與期待。

❸仔細思考這些要求當中，有沒有自己也曾被要求達到這個標準，因此陷入痛苦或感情受到壓抑的經驗。

❹回想自己是否曾經被誰這麼要求過，自己也執著於完美的理想像，以致於對他人要求過度。

❺反省自己對他人的要求是否過度、是不是自己太任性。

❻試著降低對他人的要求標準。

❼認真思考對方擁有自己沒有的優點。

❽追求完美和理想是好事，卻因此使得自己和他人互相不合，可就本末倒置了。

❾用理智分析情景，用務實發揮影響，用冷靜掌控抉擇，用自覺端正態度，用學習積累經驗，用勇氣放棄包袱，這就是智慧的顯現。

故說般若波羅蜜多咒

● 「故說般若波羅蜜多咒」此句中，「般若波羅蜜多」一名詞在般若心經的本文中，已是第五次出現了。的確含有其重要的意義。

● 般若心經的精神是大宇宙的話，而那字字句句就是個小宇宙，從大宇宙產生的我們即是小宇宙，如果大宇宙是大空、小宇宙便是小空。

I will therefore pronounce the charm of perfect wisdom

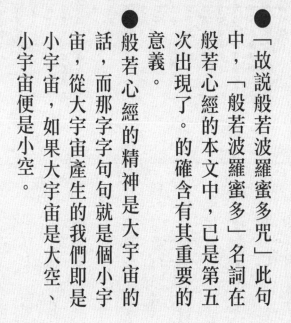

觀自在菩薩、
行深般若波羅蜜多時、
照見五蘊皆空、
度一切苦厄。
舍利子、
色不異空、空不異色、
色即是空、空即是色。
受想行識、亦復如是。
舍利子、
是諸法空相、
不生不滅、
不垢不淨、
不增不減。
是故空中、
無色無受想行識、
無眼耳鼻舌身意、
無色身香味觸法、
無眼界乃至無意識界。
無無明、亦無無明盡、
乃至無老死、亦無老死盡、
無苦集滅道。
無智亦無得。
以無所得故。

因為理念不同而憎恨、想要消滅對方的想法在世界各地蔓延。

世界史上出現許多政治家、領導人，都是以這種思維為根基，從事政治活動，甚至挑起戰爭，最後還開發出能夠真正摧毀敵人的核子武器。

企圖殲滅敵人而開發出的核子武器，具有毀滅整個地球的危險性，就連開發國家也難逃同歸於盡的命運，因為自我憎恨的妄想而貿然採取行動的人，無異作繭自縛，揮舞在敵人上方的刀刃，總有一天會掉落在自己的身上。

憎恨看似往某個方向去，最終還是會朝自己的方向過來。自己的憎恨心根源於

菩提薩埵、
依般若波羅蜜多故、
心無罣礙。
無罣礙故、
無有恐怖、
遠離一切顛倒夢想、
究竟涅槃。
三世諸佛、
依般若波羅蜜多故、
得阿耨多羅三藐三菩提。
故知般若波羅蜜多、
是大神咒、是大明咒、
是無上咒、是無等等咒。
能除一切苦、
真實不虛。
故說般若波羅蜜多咒。
即說咒曰、
羯諦、羯諦、
波羅羯諦、
波羅僧羯諦、
菩提娑婆訶。
般若心經。

自己，貫徹此信念最成功的是領導印度獨立運動的政治領袖甘地。

甘地領導的獨立運動沒有任何的憎恨對象，堅持非暴力的行動，不與英國為敵戰鬥，只採取拒買英國貨等不合作的態度，對抗英國的殖民統治。

即使英國方面以槍擊子彈威嚇，甘地也決不使用暴力因應。

甘地名言，「以眼還眼，使全世界眼盲」。他了解以暴制暴的結果是惡性循環、兩敗俱傷。

古人說：「知事少時煩惱少，識人多時是非多。」舉凡對於清淨心有妨礙者，都要遠離。反之，心就迷了。

即說咒日

● 「即說咒曰」，即是此處經文是咒，乃是密說，指示咒即般若的意思。

● 開始要講後面的咒語了，咒語這種事物，非是口頌，要心來受持。這時候你在要唸經典開始的開經句時，就會有擁護持經人，就表示著，你這個時候就受到保護。

It runs like this

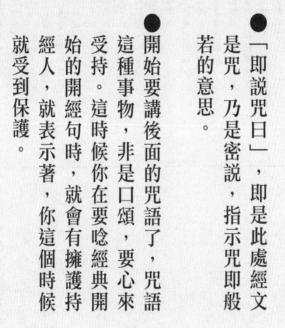

觀自在菩薩、
行深般若波羅蜜多時、
照見五蘊皆空、
度一切苦厄。
舍利子、
色不異空、空不異色、
色即是空、空即是色。
受想行識、亦復如是。
舍利子、
是諸法空相、
不生不滅、
不垢不淨、
不增不減。
是故空中、
無色無受想行識、
無眼耳鼻舌身意、
無色身香味觸法、
無眼界乃至無意識界。
無無明、亦無無明盡、
乃至無老死、亦無老死盡、
無苦集滅道。
無智亦無得。
以無所得故。

自己內心生氣的時候，「了解自己在生氣」的智慧稱為「般若」。一般人只見外側的智慧，不了解自己內心的智慧。所謂的科學均來自於外側的智慧。

相對於此，「了解」自己內心作用的是「般若」的智慧，要意識到自己活在「現在、這裡」，就需要有「般若」的智慧。

日常生活中，「般若」幾乎沒有作用，我們的心被牢牢地釘在外側的世界裡，在無意識中，一味地追求愉快、避開不愉快。

我們完全忘記「本來的自己」，單憑感情、自我，為所欲為、判斷事態，我

菩提薩埵、
依般若波羅蜜多故、
心無罣礙。
無罣礙故、
無有恐怖、
遠離一切顛倒夢想、
究竟涅槃。
三世諸佛、
依般若波羅蜜多故、
得阿耨多羅三藐三菩提。
故知般若波羅蜜多、
是大神咒、是大明咒、
是無上咒、是無等等咒。
能除一切苦、
真實不虛。
故說般若波羅蜜多咒。
即說咒曰、
羯諦、羯諦、
波羅羯諦、
波羅僧羯諦、
菩提娑婆訶。
般若心經。

們則成為感情、自我的奴隸，對於不存在「現在、這裡」的事情感覺憤怒、後悔、擔心，這就是痛苦的根源。

一切都起源於我們「無意識」自己所做的事情，「無意識」本來的自己，能夠讓我們有意識的就是「般若」。

讓我們意識「色」即是空、自我也是空的就是「般若」。

有「慾望」、「妄想」這兩個東西在，道就站不住。雖不能劇斷，亦應慢慢看輕放下。不為外物所動之謂靜，不為外物所實之謂虛。處在千變萬化的世界裡，千萬不要執持於眼前的事物。

羯諦羯諦　波羅羯諦

波羅僧羯諦菩提娑婆訶

●這是梵語，「去吧！去吧！去彼岸吧！用眾多方法去彼岸，成就菩提大道。」直接稱念咒文的「聲音」，比理解意義重要多了。冥想的方法是集中意識、排除一切雜念，這句微妙的咒語就可以用在這裡。坊間有販售利用聲音的物理現象改變意識的「α波音樂」，由現代的角度看來，稱念咒語有助於意識集中，也合乎科學的原理。

●「娑婆訶」，就是成就、完成的意思。

Gone,gone,gone beyond,gone altogether beyond,Oh! What an awakening, All Hail!
(Gate gate pâragate pârasamgate bodhisvâhà)

觀自在菩薩、
行深般若波羅蜜多時、
照見五蘊皆空、
度一切苦厄。
舍利子、
色不異空、空不異色、
色即是空、空即是色。
受想行識、亦復如是。
舍利子、
是諸法空相、
不生不滅、
不垢不淨、
不增不減。
是故空中、
無色無受想行識、
無眼耳鼻舌身意、
無色身香味觸法、
無眼界乃至無意識界。
無無明、亦無無明盡、
乃至無老死、亦無老死盡、
無苦集滅道。
無智亦無得。
以無所得故。

藉由「般若」的智慧能夠讓自己「意識」如何脫離苦厄。

徹底開發「般若」的智慧，是「般若波羅蜜多」的教義，這當然不是三言兩語就能夠解釋得清楚的，必須花很長的時間，才能究竟圓滿。

就現實面而言，不太可能要求忙碌的現代人接受佛法的訓練，但在事情不順心如意，「焦躁不安」的時候，「了解自己焦躁不安」；「擔心害怕」的時候，「了解自己擔心害怕」，雖然一時無法成就「般若」的智慧，至少養成習慣後，日常生活中因為一點小事情就生氣、不高興的情形會愈來愈減少。

菩提薩埵、
依般若波羅蜜多故、
心無罣礙。
無罣礙故、
無有恐怖、
遠離一切顛倒夢想、
究竟涅槃。
三世諸佛、
依般若波羅蜜多故、
得阿耨多羅三藐三菩提。
故知般若波羅蜜多、
是大神咒、是大明咒、
是無上咒、是無等等咒。
能除一切苦、
真實不虛。
故說般若波羅蜜多咒。
即說咒曰、
羯諦、羯諦、
波羅羯諦、
波羅僧羯諦、
菩提娑婆訶。
般若心經。

最重要的一點，「般若」是人人與生俱來的智慧，不需要特別去什麼地方追求，只要你願意，從今天開始就可以磨練「般若」的智慧。

再一次強調《般若心經》的真言，含有非常不可思議的力量，每天早晚誦唸，深思其精義而實踐它，則能解除煩惱。

這咒文的字字句句都含有無限神祕的力量。積蓄功德使自己和他人都能受益。那平常的心，就變得如天空般的寬廣，得以經營自己的生命；變得如大海般的深邃，得以造就所有的生命。

後記

佛教的歷史悠久，宗派多樣，教義精華卻不老舊。非但不老舊，自弗洛依德以來的各派精神分析家，他們所提倡的理論，幾乎都是與數千年前佛陀講述的教理相吻合，因此，可以說佛教是走在時代最前端的智慧系統。

像日本之類的佛教國家，往往將佛教歸類為老舊的派別，反而是歐美等非傳統佛教國家，用新奇的眼光看待佛教。

本書極力避免使用傳統的表現法來闡述佛教的精華。

普及於日本的大乘佛教，並不重視身體的訓練，但歐美學者從身心醫學與生物醫學的角度詮釋佛教，提出忽略身體狀態的佛教，無異將佛教的核心價值去除的觀點。

佛陀沒提到因為相信了什麼而得到救贖，只在「四諦」中的第四個真理當中說道，滅苦是有方法的。

人的一生中，明天會發生什麼事情誰也不知道，所以，常會感到不安。特別是上了年紀之後，更容易為自己的逐漸老邁而心生嘆息，為自己的多病感到痛苦，為殘燭餘年的短暫感到害怕。

其根本的原因是任何人都有慾望，要沒有慾望是不可能的，但可以儘量地把這些慾望擴大為對世間人類有益的偉大慾望，那麼，什麼樣的苦都能夠忍耐，則一切都將由禍轉福。

有什麼樣的幸福定義，就會有什麼樣的幸福感受。我們都應該知足常樂，享受壽世人生。

導引養生功

全系列為彩色圖解附教學光碟

張廣德養生著作　每冊定價350元

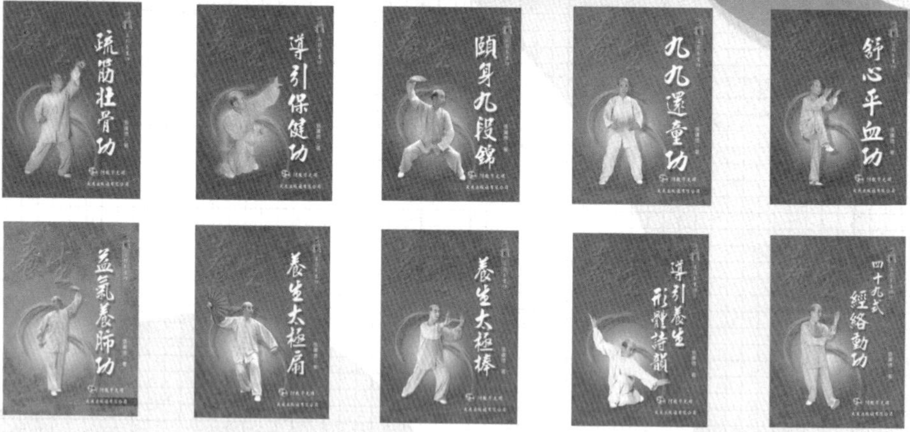

輕鬆學武術

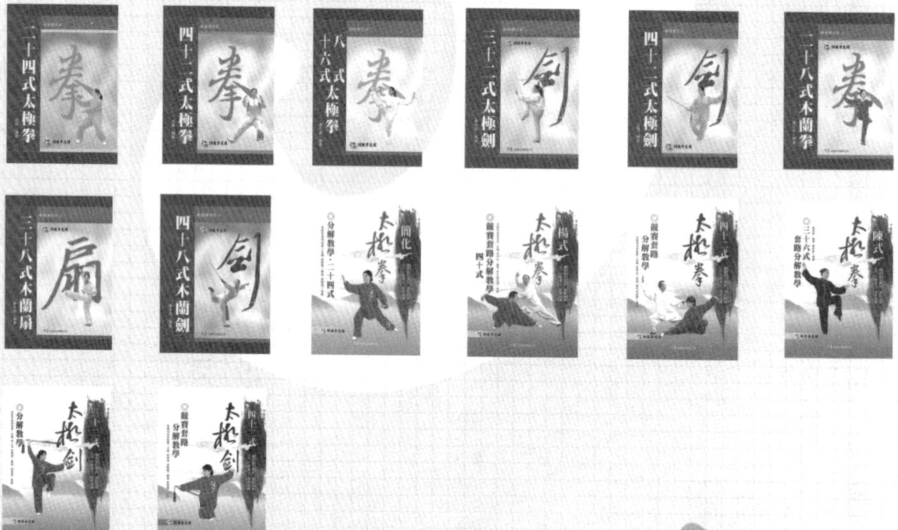

太極跤

彩色圖解太極武術

太極功夫扇

武當太極劍49式

楊式太極劍56式

楊式太極刀

二十四式太極拳

四十二式太極劍

四十二式太極拳

楊氏二十八式太極拳

楊式太極拳

陳式太極拳

吳式太極拳

夕陽美
功夫扇56式

綜合四十八式太極拳

三十二式太極拳

楊氏三十七式太極拳

楊氏五十一式太極劍

太極武術教學光碟

太極功夫扇
五十二式太極扇
演示：李德印 等
(2VCD)中國

夕陽美太極功夫扇
五十六式太極扇
演示：李德印 等
(2VCD)中國

陳氏太極拳及其技擊法
演示：馬虹(10VCD)中國
陳氏太極拳勁道釋秘
拆拳講勁
演示：馬虹(8DVD)中國
推手技巧及功力訓練
演示：馬虹(4VCD)中國

陳氏太極拳新架一路
演示：陳正雷(1DVD)中國
陳氏太極拳新架二路
演示：陳正雷(1DVD)中國
陳氏太極拳老架一路
演示：陳正雷(1DVD)中國
陳氏太極拳老架二路
演示：陳正雷(1DVD)中國
陳氏太極推手
演示：陳正雷(1DVD)中國
陳氏太極單刀・雙刀
演示：陳正雷(1DVD)中國

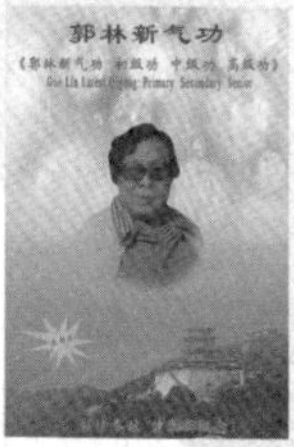

郭林新氣功
(8DVD)中國

本公司還有其他武術光碟
歡迎來電詢問或至網站查詢

電話：02-28236031
網址：www.dah-jaan.com.tw

原版教學光碟

歡迎至本公司購買書籍

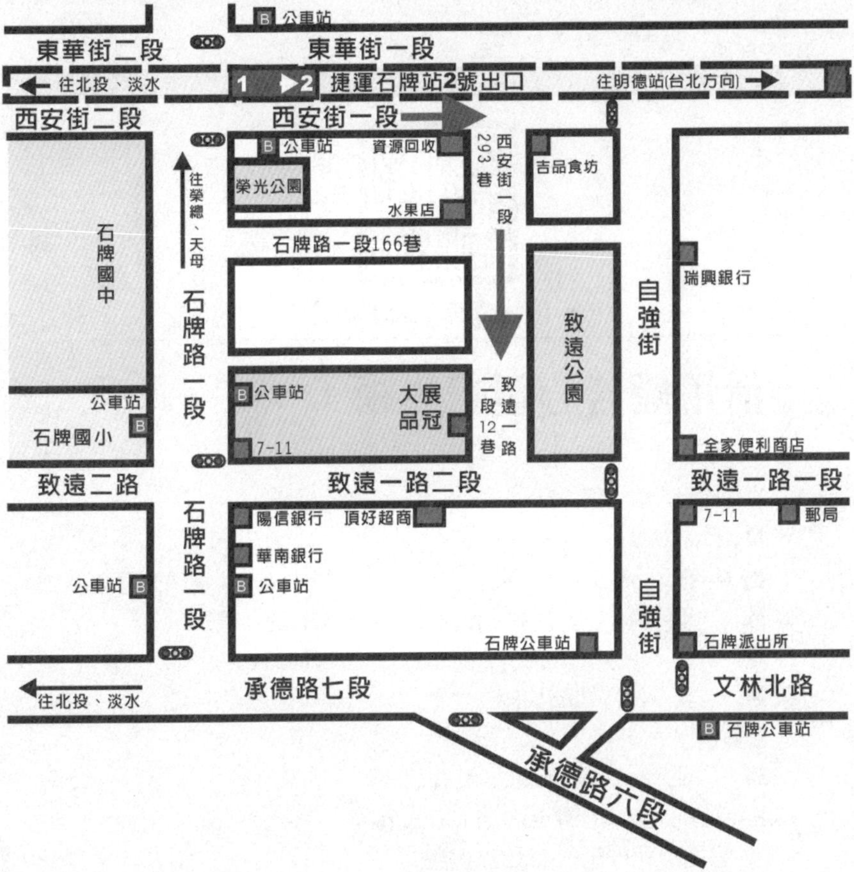

建議路線

1.搭乘捷運・公車

淡水線石牌站下車，由石牌捷運站2號出口出站(出站後靠右邊)，沿著捷運高架往台北方向走(往明德站方向)，其街名為西安街，約走100公尺(勿超過紅綠燈)，由西安街一段293巷進來(巷口有一公車站牌，站名為自強街口)，本公司位於致遠公園對面。搭公車者請於石牌站(石牌派出所)下車，走進自強街，遇致遠路口左轉，右手邊第一條巷子即為本社位置。

2.自行開車或騎車

由承德路接石牌路，看到陽信銀行右轉，此條即為致遠一路二段，在遇到自強街(紅綠燈)前的巷子(致遠公園)左轉，即可看到本公司招牌。

國家圖書館出版品預行編目資料

活用般若心經養生術／李芳黛 主編
——初版——臺北市，品冠文化，2016[民105.05]
面；21公分——（壽世養生；27）
ISBN 978-986-5734-47-3（平裝）
1.般若部　2.佛教修持
221.45　　105003334

活用般若心經養生術

主 編 者／李　芳　黛
責任編輯／劉　正　宏
發 行 人／蔡　孟　甫
出 版 者／品冠文化出版社
社　　址／台北市北投區（石牌）致遠一路2段12巷1號
電　　話／(02) 28233123・28236031・28236033
傳　　真／(02) 28272069
郵政劃撥／19346241
網　　址／www.dah-jaan.com.tw
E-mail／service@dah-jaan.com.tw
登 記 證／北市建一字第227242號
承 印 者／傳興印刷有限公司
裝　　訂／眾友企業公司
排 版 者／千兵企業有限公司
初版1刷／2016年（民105年）5 月

定　價／220 元

大展好書　好書大展
品嘗好書　冠群可期

大展好書　好書大展
品嘗好書　冠群可期